Matthias Müller Kuhn, geboren 1963, ist Dichter und The-
ologe. Er lebt und arbeitet im Raum Zürich. Seit 40 Jah-
ren schreibt er Gedichte und Prosa. Er sieht sich als
Spracherfinder, dessen Anliegen es ist, eine neue lyrische
Sprache zu schaffen, mit welcher Lebenszusammen-
hänge umfassend ausgedrückt werden können. Weitere
lyrische Werke: Leichte Gedichte (1989 bis 2018), Biblia
lyrica, (2000 bis 2016)

Matthias Müller Kuhn

Seelen-Gedichte

Herstellung: und Verlag: BoD- Books on Demand, D – Norderst
Cover: Alexey Jawlensky, Mediation 1935
ISBN 978-3-746063-56-0
www.wortbaum.ch

Inhalt

In den 336 Seelen-Gedichten, welche in 4 Bänden in einer Zeitspanne von 36 Jahren entstanden sind, öffnen sich Räume, in welchen unberührte, oft noch unentdeckte Landschaften da liegen. In einer feingliedrigen, musikalischen Sprache kommen Geschichten und Begegnungen zum Ausdruck, welche die ungeahnten Dimensionen der Seele erahnen lassen.

Bild-Gedichte

Hundertzwanzig Seelen-Bilder

(2014)

.

1 Wolkenbild

Wolken ziehen weiter, Fäden sind zu wundersamen
Mustern verwoben. Wie kann ich's lesen?
Müsste ich blind mit meinen Fingerspitzen tasten?
Berggipfel sind verhüllt und verlieren ihre Kraft,
unter dem Regentuch versinkt alles im grauen Einerlei.
Jetzt kommt die Sonne und zieht Kreise,
Lichtwirbel, sogar der Himmel beginnt
sich zu drehen. Meine Augen werden klar,
durchsichtig in der Luft überschlagen
sich die Worte und balancieren auf dem
gespannten Seil des Horizonts, denn über
diese Brauen hinaus wird niemand kommen.

2 Erwachen

Die Stadt schlummert in den ruhig daliegenden
Pärken und atmet Stille, kaum hörbar im Schlaf,
so lange die Nacht ihre schützende Hand ausbreitet.
Wie auf ein geheimes Zeichen hin entspringt
ein Fluss von Geräuschen in den Strassen.
Strudel, kleine Wasserfälle entstehen von Stimmen,
von Schritten, von sich reibenden Rädern.
Ein immer breiterer Strom füllt Seitengassen und
Plätze und dringt durch hilflos sich wehrende Fenster
am Ende ins Ohr der sanft Erwachenden.
Wenn heute ein Stück übriggebliebener Schlaf sich
treiben liesse, um im Meer die Stille wieder zu finden.

3 Seele

Seele, ich suche dich! Wie viele Hügel liegen
zwischen mir und deiner unaussprechlichen Zeit?
Reise ich durch Länder, immer folge ich
deiner Spur, die nur hingehaucht ist
in den Himmel, wenn der Abend rot
brennend auf die fremden Städte fällt
und auf die Dächer, unter denen sich Menschen
zum Schlaf betten. Ich gelange zum Stern,
der mit seinen Strahlen ein Zelt aufspannt,
dass der Morgen auftreten kann im Gewand
deiner Schönheit. Hoffnung wird gestreut,
Brot, dem die Hungernden folgen.

4 Tanz

Frauen tanzen in bunten Gewändern
und wirbeln wild um ihre Mitte.
Bäume wachsen von den Wurzeln empor,
werden leicht im Wind und fangen Licht auf
mit den Blättern, die sie glitzernd in die Höhe werfen.
Stille fällt, als wäre der Himmel eingebrochen
und hätte nun seine Fülle verschenkt
an die begeistert sich drehenden Augenblicke.
Mit Würde richten sie sich auf und
verneigen sich vor den zahllosen Zuschauern,
die ihre ewig gültigen Münzen des Glücks
in den Schoss der endlich Gestillten werfen.

5 Feuerwerk

Staunen breitet sich aus.
Viele bunte Funken am Nachthimmel erleuchten
die verwunderten Gesichter. Farben verglühen,
neue höhere Kreise steigen in glühendem Erscheinen,
bis ein Regen stürzt und im Dunkeln sich
auflöst, dann werden neue Lichter noch höher
geschleudert und berühren das Gewölbe des Alls.
Alles umfassende Lichtwirbel reissen
sogar die leeren Räume mit sich.
Das Feuerwerk taumelt ins Innerste
der Herzen, wo die Gewissheit wächst,
dass alles am Ende in Gottes Hand fällt.

6 Die Sterbenden

Sanft gehen die Sterbenden hinüber
und lösen sich vom letzten Kreis des Daseins.
Die versteinerte Schuld, die noch schwer war,
verwandelt sich in Blumenbänder voll von Erinnerung.
Bilder der Erde, Wolken, bunte Häuser,
Treppen und Räume drehen sich
um diesen letzten Moment des Lebens.
Durch Kinder Augen wandelt sich die Zeit
hinein in den Strom der Reife, wo nichts bleibt.
Endlich auf dem Meer sind die sanften Segel
gespannt und gehen langsam dem lichtvollen
Ufer der Ewigkeit entgegen.

7 Sturm

Kannst du übers Wasser gehen?
Worte fügen sich zusammen und bilden
eine Oberfläche, die im Licht glitzert.
Feine Wellen breiten sich aus und berühren
mein inniges Verstehen, plötzlich wage ich
es Sinn suchend. Ein Sturm verdunkelt
den Himmel, das Schiff ist hin und her gerissen,
schwarze Abgründe der Zweifel überschlagen sich,
die Ruder greifen ins Leere, nichts ist sicher!
Schreie, hilf uns! Da kommst du fast tanzend
übers Wasser und fasst alle verlorenen Worte
in einem rettenden Wort zusammen.

8 Unterwegs

Viele Fäden sind in meine Zeit verflochten.
Flüsse sehe ich, glitzernde Lebensströme,
die durch die vielverzweigten Adern fliessen.
Ich sehe Träume, die aufblühen, Bilder rollen
heraus wie Kugeln, um zu spielen, triffst du das Ziel?
Wie könnte ich ankommen im Hier und Jetzt,
ich bin unterwegs! Einen letzten Schimmer
wirft die Liebe auf die Dächer der einfachen
Hütten am Meer, wo die Armut kauert
und mit ausgestreckter Hand bettelt,
um einen Augenblick der Zuwendung, vielleicht
eine schimmernde Münze des Glücks zu bekommen.

9 Auferstehen

Ich sehe das Licht und schwebe,
welchen Sternen entgegen,
auf anderen Bahnen durchs Universum,
bis sich neue Galaxien öffnen im unendlichen Raum.
Ich breite meine Arme aus
bis zu den äussersten Rändern,
wo noch aus Nebel neue Welten entstehen.
Plötzlich unbekümmert aus Farbenschleiern fällt
ein Wort: Ich bin das Licht. Ihr habt mich zu Grabe
getragen und einen Stein vor den Ausgang gerollt,
jetzt aber werde ich auferstehen in eure leuchtende
ungläubig staunende Hoffnung.

10 Weisheit

Weisheit zeigt sich in einem einzigen Blatt.
In der Stille waren die Knospen verschlossen,
jetzt verführt sie die Sonne zum Blühen.
Von Widerwärtigkeiten wussten
die frühlingshaft flatternden Blätter nichts,
bis über ihnen die schweren regenüberladenen Tage
niedergingen und ihre feinen Falten überfluteten.
Jetzt wächst die Erkenntnis, dass die Zeit ein Fluss ist:
Ihn gelassen hinnehmen, im Sturm tanzen,
im Blitz zusammenzucken, sich in den Wind legen,
um endlich leuchtend durchsichtig zu werden
für die zärtliche Umarmung der Vergänglichkeit.

11 Landschaft

Ein Lächeln legt sich über die Landschaft,
Nebelschleier lösen sich auf. Ein klarer Tag
steigt über die Hügel, ein See glitzert
und wirft Sterne in den Himmel.
Der Bogen der Zeit spannt sich von den still
daliegenden Wäldern über Brücken und
Flüsse bis hin zur fernen Ebene. Nun wandern
auch die blauen Schatten unter den Bäumen
über die Gesichter, über die hellen Felder
der Stirnen und gleiten über die Augen
von Menschen, die an runden Tischen sitzen.
Auf ihren Lippen zeichnet sich ein leichtes Lächeln ab.

12 Erinnerung

An den Rändern sind verdorrte Blätter,
Herbstworte rascheln, wenn Menschen
ihre Wege gehen. Fällt ein Schicksal
als reife Frucht in den Schoss der Wartenden,
vermischen sich Himmel und Erde.
Trauben werden voll in ihrem Innern,
Säfte sammeln sich, in denen kostbare
Erinnerungen ruhen. Trunken
von Sehnsucht, angehaucht von Farben
beim Untergang der Sonne, rot ausgegossen
wie Blut in der Dämmerung, von Dornen verletzt,
feiern wir in Brot und Wein das letzte Mahl.

13 Die Elenden

Leer gefegte Bäume, Enttäuschungen hängen
im kahlen Geäst. Schwarze Raben
kommen von weit her und sammeln
Schweigen im eisigen Wind, sogar
die Brunnen gefrieren und der Blick
verliert sich klirrend in der Ferne.
Nur im Innenhof der Herzen brennt noch
ein Feuer, an dem sich die Verlorenen
ihre Hände wärmen, die nichts
mehr festzuhalten wissen als
das kleine, unsägliche, schon nicht
mehr gültige Stück Hoffnung.

14 Die Schlafenden

Nächte fallen wie von einer anderen Welt
und verfangen sich in den Haaren
der Schlafenden. Von der Sonne weg
dreht sich der Traum und wird
bevölkert von fremden Menschen,
auf deren Stirnen Sterne aufgehen.
Wälder verklingen leise, vor den Augen
wird ein durchsichtiger Schleier
gewoben von kostbaren Begegnungen,
manchmal berührt ein Engel unscheinbar
mit einer goldenen Flügelspitze kurz
vor dem Erwachen meine Wimpern.

15 Stiller Trost

Die Zeit dreht sich, eine Träne rollt
über die Wangen der Welt. Menschen
werden fortgedrängt im breiten Strom,
bauen Türme von Ehrgeiz, graben Schluchten
von Fortschritt, häufen Zahlen, dass fahrige
Buchstaben durch ihre leer gelesenen Augen wirbeln.
Jetzt bricht leise eine Quelle auf
und aus der Tiefe fliessen Träume
über Treppen und Stufen der Ungeduld
und eine Stunde blüht auf, in der die zeitlose
Erinnerung an den Himmel schimmert:
Wächst im Innern des Herzens ein stiller Trost?

16 Feuerzungen

Aus einem Augenblick springen
Funken in die Gedanken hinein
und entzünden ein Feuer,
das um den ganzen Erdball geht.
Nun leuchten die grauen Mauern
und die Hochhäuserschluchten und
die breiten Ausfallstrassen verwandeln sich
in feine von Feuerzungen durchzuckte
Blätter, die von den Bäumen taumeln,
weil der Herbst Begeisterung
in die Herzen haucht. Geist
wirbelt leicht durch Vergänglichkeit.

17 Einschlafen

Auf Wolken betten sich weich
meine Gedanken und ziehen weiter durch
die Augen, die wie stille Seen daliegen.
Vögel fliegen auf und lösen
sich langsam vom Spiegel.
Eine hingehauchte Spur am Himmel
will wirklich werden, auf ihr tanzen
Wörter und Zahlen und Bilder,
bis sich ein kugelrunder Traum formt,
wenn ich in den Schlaf gleite
und nichts mehr festhalte: Drehe ich mich
lachend leicht in Gottes Hand hinein?

18 Ausblick

Berge ragen auf und beschweren
den Atem der Wälder und der Flüsse.
Steile Felsen fallen in welche Schluchten,
und einschneidende Täler verengen sich.
Letzte Steilwände stehen verloren da,
bis sie von unglaublichen Gipfeln
überragt werden. Nur noch Himmel ist
zu sehen, doch der Weg windet sich empor
über Steine, abgebrochene Grate, verschüttete Hänge,
staubiges Geröll. Jeder Schritt ist kostbar,
denn er führt endlich zum Ausblick
über die zerklüftete Landschaft des Herzens.

19 Ein Tag

Das Hier und Jetzt schaukelt
auf den Wellen des Herzschlags.
Welches Boot fährt hinaus? In welchen Netzen
verfangen sich die glitzernden Fischschwärme
der Gedanken? So werden nun
die einzelnen zappelnden Glücksmomente
ans Licht gehoben und verschmelzen
mit der langsam aufgehenden Sonne,
um den aus vielen Ideenbögen
bestehenden Tag zu bilden.
Bis er am Abend mit einer Flut von Bildern
und schweren Erinnerungen im Meer versinkt.

20 Seelenklänge

Am Ende kehrt alles zur Seele zurück.
Die Ränder tönen noch, die äussersten Saiten
des Seins schmiegen sich in geschwungene
Buchten und Ufer. Höre,
die klingenden Körper gehen immer
in der Dämmerung den Übergängen entlang.
Wäre die Nacht ein Spieler,
nähme sie die Geige und striche mit dem Bogen
der hohen Sternenräume über die menschlichen
Gefühle Freude, Trauer und Schmerz.
Und die Enttäuschungen gingen ein
wie kreisrunde Wellen ins Ohr der Ewigkeit.

21 Nachtvergessen

In den Wogen des Vergessens tauchen
die Wörter unter. Mit Silberfäden
gewobener Sternenschleier bedeckt
das Gesicht der Nacht: Schau, im Schatten
der Bäume versteckt sich Vergänglichkeit,
obwohl es nur das Licht des Mondes ist.
Schemenhaft schleicht die Schuld
den Waldrändern des Gewissens entlang
und schreckt den traumwandlerischen Gedanken
auf. Nur weiter auf diesem dunklen Weg,
wenn die Sonne aus meinen Augen fällt,
spüre ich einen Glanz auf meinen Fingerkuppen?

22 Herbstmusik

Tonreihen springen aus dem hellgelben Laub,
wenn der Wind hinein fährt.
Blätter lösen sich und schweben taumelnd,
Kinder mit ausgestreckten Armen versuchen
sie zu fangen und rennen lachend nach ihnen.
Niemand denkt, wie lange der Winter währt.
Die Äste sind übermütig
und schütteln ihr Haar:
Wie kahl werden sie da stehen und die Leere
aushalten, in die Tiefe des Himmels starren,
voller Sehnsucht träumen von jener Musik,
ein klingendes Kleid von lichtgrünen Tönen.

23 Gewebe der Zeit

Luftiges Gewebe der Zeit, manchmal
siehst du den Himmel hindurch lächeln,
als ob es keine festen Gegenstände gäbe.
Es scheint alles zu schweben,
sogar die Gefühle bekommen Flügel!
Sieh, plötzlich fliegt die Trauer
flach durch deinen Blick oder
von der Wimper springt die Freude auf,
gewinnt an Höhe und gleitet
über die letzten Hügelzüge der Endlichkeit.
Die nur flüchtig gezählten Stunden sind Saiten
der Harfe, die himmlisch in deinem Ohr klingt.

24 Gewissheit

Du gibst mir Recht: Im Innersten
schweben Atome auf Bahnen
wie Sterne im Raum und irgendwo
schlägt ein Herz, wo das Wunder
des Lebens kauert und sich verborgen hält.
Aber diese Berge, diese Sterne
und Meere sind flüchtig, sie spiegeln
sich in deinen Augen und fallen entzückt
und voller Jubel tief in dein Inneres,
wo in deiner Hand die Ahnung langsam zerrinnt
und übergeht in eine leise klingende Gewissheit,
dass alles in Gott neu beginnt.

25 Im Fluss der Zeit

Auf dem Fluss gleitet das Schiff,
an welchen Städten zieht es vorbei,
wo Worte sich auftürmen und Gedanken
Brücken schlagen und Strassen des Schicksals
wild verschlungen sind. Menschliches löst
sich auf wie jene Berge in der Ferne,
die in der Ebene versinken. Weiter
drängen die Stunden und die grosse
Sehnsucht geht auf am Rand der Zeit.
Auch die Bäume und Häuser am Ufer sind
schwer von Erinnerung und fliessen ins Meer,
um endlich im Grossen geborgen zu sein.

26 Geschichte

Mit der Vergangenheit verwoben lebt
der Mensch im Heute und ist schon
verflochten ins Gewebe von Morgen,
das in klaren Nächten funkelt und
sternenweit sich über die dunkel
schimmernde Landschaft legt. In den Wurzeln
des Stammbaums schlummern Geschichten,
Gespräche erwachen, Schicksalsbilder,
Gesichter zeichnen sich ab im Wechsel
von Not und Freude, doch in der Krone,
die sich leise im Winde wiegt, blüht
plötzlich duftend unwiederbringlich das Jetzt.

27 Stillleben

Ein Apfel liegt da,
auf ihm spiegelt sich das Fenster.
Sogar die fallenden Vorhänge sind
zu erkennen, quer dazu das Messer.
Über die Klinge gleitet das Licht
und fliesst auf den runden Tisch.
Die Schale weiss es nicht aufzufangen, die gefüllt
ist mit Trauben, welche wie Perlen glänzen.
Nur der Teller deutet an,
dass einmal jemand sitzen wird auf
dem zufällig auf der Seite stehenden Stuhl
und dieses Bild neu gestalten wird.

28 Porträt

Die Bogen der Augenbrauen
tragen die Stirn, ein weises Gewölbe,
das den Himmel in die Höhe hält.
Das Wasser sammelt sich
in zwei unergründlichen Seen, auf denen
ein leicht vorbeiziehender Augenblick spielt.
Nur die Nase ist ein klarer, steiler Grat,
sie sticht hervor und scheidet das Licht
vom Dunkeln. Der Mund liegt gelöst
in einem Lächeln, hingehaucht wie die Sichel
des Mondes, vom Kinn steigt wie feiner
weisser Nebel ein Traum übers Gesicht.

29 Das Mädchen mit der Perle

Ich tauche ein in ihren Blick,
ein goldener Schimmer fliesst in den Falten
der Tücher, die um ihre Haare geschlagen sind.
Vor ihrem Gesicht ist ein unsichtbarer
Schleier vielleicht aus Tränen gewoben,
die einem Geheimnis entspringen.
In ihrem Schauen beginnen Räume
zu klingen zwischen ihr und mir,
der Glanz, der von den Sternen zu stammen
scheint, wölbt sich leuchtend über ihre Augen
und fällt als inniges fast singendes Verstehen
in die Rundung der Perle an ihrem Ohr.

30 Porträt des Dichters

Hinter seiner breiten Stirn träumen Worte.
Bekämen sie Flügel, sie schwebten
um sein Haupt. Lichte Höfe umgeben
seine Augen wie der Schimmer des Mondes,
in den die Träumenden eintreten,
als kämen sie endlich nach Haus.
Am Ende liegt ein liebevoll
geschwungenes Tor, sein Mund formt
Laute, die ihm Engel auf die Lippen legen.
Bis zu den Schläfen steigt staunend
ein zögerndes Verstehen, das wie ein hingehauchtes
Lächeln schweigend offen steht.

31 Rainer Maria Rilke

Er ist ein Wort Wanderer
und sammelt den Schimmer, der abends
langsam von den Dingen schwindet.
Zwischen den Seiten seiner Bücher
streift ein Flügel die Augenlider
und schenkt tieferen Einblick
in das sich bunt immer neu
webende Geschehen der Welt,
bis eine Ahnung im hellen engelgleichen Kleid
sich in seinem Ohr zur Ruhe legt.
Möge er heute noch über den frisch verschneiten
Hügeln der Träume ein neues Sternbild beschreiben.

32 Die Kathedrale

Zwei Hände formen einen Raum,
die Fingerspitzen berühren sich kaum.
Gelöst, in einem Traum fort schwebend,
streben die schlanken Pfeiler in die Höhe
und umfassen behutsam den Augenblick,
der würdevoll unter dem nie zu Ende
gedachten Gewölbe hindurch geht.
Durch die vielen Durchblicke
der Zwischenräume hindurch fallen
die Bogen, die Tore und hohen Fenster
ins Innerste des Herzens, andere Hände
lassen die Kathedrale neu entstehen.

33 Elegien

Er wartet, bis die feinen Wellen des Wortes
aus der Brandung ihn endlich erreichen.
Wenn das Meer gegen die Felsen schlägt,
beschreibt er die Landschaft, andere Wiesen
und Wege zeichnen sich im Klang ab.
Wenn die bejahende Geste eines Engels
seine Augenbrauenbogen berührt,
versinkt selbst Gott im Schlaf
und träumt von Bäumen, die blühender
von Sternen übersät werden. Seine Lider
sind in durchlässige Schatten gehüllt,
so folgt der Dichter der duftenden Wortspur.

34 Madonna im Grünen

Sie neigt ihren Kopf und schaut
auf die beiden spielenden Kinder.
Über die grünen Wiesen, die sich über Hügel
hinziehen, klingt eine Melodie.
Der Himmel schmiegt sich wie ein Schal
um ihre Schultern und auf dem blauen Mantel
entfaltet sich das All. Ihre Stirn ist ein Spiegel,
über den ein Lichthauch weht,
in ihrem innersten Kern
schlummert ihr sternenweites Schicksal,
wenn Welten zerbrechen, wird uns dann
dein himmlisches Bild, Maria, trösten?

35 Madonna mit dem Stieglitz

So leicht fliegt der kleine Vogel
aus der Hand ihres Kindes und wirft
mit den Flügeln Wellen heller Freude
in die reine Luft. Doch Maria sieht schon
die Schicksalslandschaft seines Lebens.
Wolken türmen sich auf in der Höhe,
Töne fallen in die tiefen Täler.
Das aus Sternenfäden gewobene Verhängnis
hält sich noch zurück, die Tränen müssen warten,
bis aus ihren Augen die Flut
der Trauer bricht und ihr blauer Schoss
ihr am Kreuz sterbendes Kind umfasst.

36 David

Diese in den Stein gehauene Haut
wird sanft und weich, doch irgendwo
auf der Stirn liegt die unergründliche
Bestimmung zu siegen, schon zum Sprung
bereit, der Bogen ist gespannt
zwischen seinen Armen,
um einzufallen in die feindliche Welt,
wo ein noch Grösserer droht,
endlich wie ein Stern schleudert er den Stein
fort, der sich formen lässt wie Wachs
mit den fiebrigen Händen des Künstlers,
stolz und fast ewig bleibt er aufrecht stehen.

37 Frühling

Sie tanzen in den Frühling hinein
mit leichten Behängen, welche die Linien
ihrer Körper kaum verhüllen.
Ihre Reize fliessen über Schultern
und drehen sich durch offene empfängliche Hände,
ein Hauch gleitet durch die Äste
und bringt den ganzen Wald zum Wachsen,
auch die Kronen bewegen sich schwebend
und Blumen wirbeln, ins Kleid der Erde
gestreut, durch neugierige Blicke.
In der Mitte entsteht der stille Raum
für das unergründliche Blühen des Frühlings.

38 Mona Lisa

Von diesem Lächeln erzählend schweigt sie.
Feiner Nebel liegt über den Seelenbergen,
dazwischen wogt geheimnisvoll das Meer,
Ausläufer einer Unendlichkeit. Aber hier in
die Erdenschwere gekleidet, trägt sie mit Würde
den dunklen Mantel, in den das menschliche Leid
wie in ein umgepflügtes Feld gesät worden ist.
Nun wachsen helle Träume
aus den offenen Händen in ihr Gesicht,
schaukeln um den Mund und legen sich
in ihren Lidern nieder, um einmal als stilles
Lächeln sich an unsere Zeit zu verschenken.

39 Nachtcafé

Sterne leuchten in den Strassenfluchten
und Leute in samtenem Glanz
der Laternen sitzen draussen an runden
Tischen. Einige schlendern unbeschwert
durch den lauen Abend, ein farbiger
Schimmer fliesst über den Platz,
dass es scheint, sie gehen übers Wasser.
Dunkel verengen sich die Häuserzeilen,
einige bleiben noch lange im Licht,
im Hintergrund verschwinden abweisend
Eingänge in der Nacht. Nur die Dächer
beginnen vom Himmel zu träumen.

40 Sternennacht

Diesen Himmelssturm aushalten,
Wirbel von Lüften, Sternengesang,
Ströme fliessen leise durchs All,
die nahen Hügel drehen sich mit,
schwarz windet sich die Zypresse empor,
dunkle Erinnerung an einen längst vergangenen Tag.
Die Häuser klammern sich aneinander,
um nicht fort geschleudert zu werden,
im Dorf flüstert die Kirche ihren leisen Segen,
in den Fenstern halten sich bange Lichter fest,
dass nur nicht die Welt, entzückt vom Tanz
der Sterne, sich an die Nacht verliert.

41 Schlafzimmer

So arm, dass sich Gott erbarm!
Universum des Traums, ob die Wände
des Zimmers aus Wolken sind? Der Fussboden
fliesst, ein grüner Fluss, auf dem die Gedanken
schwankend davon ziehen. Der Schlaf zerbricht
in Stücke, dazwischen wundes Wachsein.
Plötzlich steigen Bilder auf:
Male sie, male sie! Wenn schon der Blick
zum Pinsel wird, halte lachend fest,
was in kreisrunder sternenförmiger Bewegung ist!
Das Brot wird hart, ein Mantel hängt in den
Sorgenfalten, durchs Fenster geht ein kühler Luftzug.

42 Selbstbildnis

Im brennenden Bart tanzen Feuerzungen
und verschlingen die letzten Worte.
Die Stirn ist ein weisser, tief gefurchter
Gletscher, in den Spalten schimmert
jenes durchlässige bodenlose Grün, das
schon längst dem Irdischen entwachsen ist.
Im Haar tobt ein Wirbelsturm,
der das ganze All wach ruft,
in den Augen verdichtet sich
der schwarze Punkt und wird zur Gewissheit
kreisender Sterne. Das Ohr hört nichts
als die dumpfen Farbklänge der Nacht.

43 Sonnenblumen

Gelbe Sonnenblumenblätter verneigen sich,
sie schleudern im Tanz ihre vielen hellen
Hände in die Höhe, sie springen
sich umarmend hoch und werfen sich zu Boden,
um sich nachher aufzurichten, sie strecken ihre Arme
empor und berühren sich in den flammenden Spitzen.
Nur die Vase bleibt stumm und umfasst
die wild sich bewegenden, bis zur Verzückung
sich hingebenden Tänzerinnen, die sich müde
jetzt sinken lassen, vor Erschöpfung
ihre Köpfe neigen und verwelken,
verzehrt vom Feuer der Begeisterung.

44 Der Sämann

Das Feld fliesst. Gegen den Strom
geht der Mensch und sät die Hoffnungssaat.
Vielleicht werden einmal Halme wachsen,
die den Hunger nach Licht und Wärme stillen.
Die violette Flut von Lavendelblüten kündigt sich
im Traum an, quer ragt der dunkle Stamm durchs Bild:
Mit welchem Gewicht beschwert er die Erde?
Einer seiner feinsten Äste weist
mitten in die Sonne, goldener Fingerzeig!
Bald tanzen Sterne über den Acker
und fallen in die Lebensfurchen
aus der gütigen, grossen Hand Gottes.

45 Weizenfeld mit Raben

Welches Gewitter rollt über das leuchtend
helle Weizenfeld? Der Weg verliert sich,
breite hingeworfene Striche springen
zuerst ungeduldig ins Gelb,
dann über den Horizont hinaus ins Blau.
Wind treibt sie zusammen, wie lange noch?
Schwarze Bedrohung erhebt sich, wo
das Leben schon losgerissen ist von der Erde,
flattern die Gefühle. Das Elend ist eine
fortgewirbelte Fahne: Was willst du uns sagen?
Raben steigen in Scharen in die transparent
werdende, endlich erleichtere Ferne.

46 Mohnfeld

Mohn des Vergessens, wie leicht
wird plötzlich die Landschaft!
Vorüberziehende Wolken lachen
und werfen Glanzlichter über die Bäume.
Unzählige rote Blüten gleiten
über den Abhang, spielen mit der Sonne,
und ergiessen sich ins Feld,
wo nun fast trunken die Halme schwanken.
In sommerlicher Fülle geht eine Frau,
sie hat schon längst den Weg verloren
und hält den hellblauen Schirm, als könnte sie
die Flut des wogenden Lichts noch aufhalten.

47 Bahnhof St. Lazare

Was der Mensch alles vermag! Dampfgestalten,
blau, fast übermütig schweben
in der Bahnhofshalle. Wohin fährst du,
Fortschritt? Wird sich die Welt wandeln
unter dem dröhnenden, zischenden Getöse
der Maschinen? Es ist kein Spiel, obwohl
das Licht lustig springt von den weissen
Wolken auf die Geleise und zurück in die Ferne,
wo die schwer atmende Stadt mit hundert
tausend Fenstern auf Erleuchtung wartet.
Auf Stahlträgern steht das riesige Dachgewölbe,
wird sich einmal der Himmel dagegen auflehnen?

48 Seerosen

Fliessende Melodie, mit welchen Wassern
verwoben klingt der Himmel? Sein Lächeln
geht mit feinen kreisenden Wellen
durch den Grund. Und steigen Wolken
ans Licht, spüren sie keinen Widerstand.
Die Seerosen lassen sich ein ins Spiel
der Spiegelungen, wo eine weit werdende
Welt aufblüht. Die Blätter schweben
in einem Strom, der zögernd die Ränder
des Daseins berührt. In welchem Ohr
breiten sich diese Schwingungen aus
und gleiten lautlos in die Tiefe?

49 Die japanische Brücke

Der Seerosenteppich scheint zu schweben:
Von welcher Hand kommt dieser Schwung?
Die Brücke wölbt sich in diesem Bogen,
der über die vielen Saiten streicht.
Fallende Äste der Trauerweide
fallen durch alle Oberflächen hindurch
und beginnen zu klingen. Wenn Töne
eine Farbe bekommen, ist sie grün.
Sogar in die andere Welt taucht sie ein,
grüne Spiegelungen, in die sich der Himmel
mischt. Nur die Brücke hält auseinander,
was beinah miteinander verschmolzen wäre.

50 Regen

Wenn es regnet, hängt
die Welt an Regenfäden, werden
an ihnen die Menschen wie Marionetten
tanzend und hüpfend über die Bühne
des Lebens geführt?
Wenn der Vorhang vor dem wolkenschweren
Verhängnis wieder fällt, versinken
die Erinnerungen an die vielen
verschlungenen Wege in der Sonne
und die Fäden lösen sich glänzend auf,
in den klaren Himmel gleitet
allmählich die befreite Welt.

51 Leere

Es gälte, mehr die Leere
auszuhalten, wenn in einem Gletscher
weisse Vögel versinken,
feststehende Umrisse verwischen sich
im Licht und der Geist flattert
wie eine unsichtbare Fahne verwegen
dem Gipfel zu. Auf dem Schneefeld
vergehen Spuren, unwirtlich
pfeift der Wind und mit Eispickel
und Steigeisen steigt ein Wort,
um endlich im sternenweiten, schneeblinden
Ausblick Sinn zu finden.

52 Lebenszeit

Mit Goldfäden ins Leben
verwoben, hält die Liebe
das graue Alltagsgewebe,
die schwarzen Schmerzwälder
und die gelben überreifen Zeitfelder
der Freude zusammen.
In welchem Kleid steht
die Stunde auf und tanzt
in die aufgehende Sonne hinein,
um endlich auch den Schatten
gewahr zu werden, der verlässlich
kreisend Zeit anzeigt.

53 Traum

Beim Einschlafen, selbstvergessen in einem Bett
blühender Fantasie, legst du deinen Körper ab.
In einem duftend geblümtem
Kleid und wer weiss mit welchen
wehenden Haaren, fliegenden Armen
und radtretenden Beinen betrittst du
einen Traum, der kreisrund
steigt in ein kugelförmig gewölbtes
Universum mit spiegelnder,
in vielen Farben schillernder Oberfläche.
Wenn du wieder erwachst,
platzt er und es ist, als wär er nie gewesen.

54 Hoffnung

Vor so viel Leere wäre ich verzweifelt:
Kalte Glasfassaden von Fensterfronten,
Strassenschluchten, in grauen Beton
gegossener, flügellahmer Traum,
Treppengewirr steigt wohin nur?
Als ob wir Wolkengebirge betreten wollten,
seltsam durchlässige, unwirklich
sich spiegelnde, in die letzte Möglichkeit
des Menschen hineingebaute Landschaft,
wo keine Winde mehr wehen:
Ich wäre verzweifelt, wenn nicht aus deinem Wort
plötzlich unbändige Hoffnung blühte.

55 Das Tuch

Bekleidet mit dem Tuch, in welches
deine Träume verwoben sind, in den Falten
fliesst deine dunkle reissende Leidenschaft,
in den Mustern tanzt deine zögernd
verspielte Neugier. Sind es Augen wie Blumen,
die ihre farbigen Lider öffnen,
dass die Welt mit ihren Brücken, Bauten
und Bäumen in dein Inneres fällt?
Wirst du am Ende mit jenem Tuch
bedeckt sein, weiss und steif und kalt
geworden, um fort zu träumen
von einer anderen neuen Welt?

56 Erdbeben

Wenn die Erde bebt,
Ängste aufbrechen, Städte zittern,
eine Flut aus dem Meer springt,
Stücke von Geschichte, Trümmer
erdrückter Gefühle, fortgeschwemmte
Sprache, entsetztes Wegschauen,
wenn Häuser in sich zusammen sinken:
Welcher Boden trägt noch?
Verlorene Hoffnung, hilflos zerrüttete,
zu Bruchstücken zerbrochene Zukunft,
die Welt steht Kopf, nur noch
in den Himmel wachsen verlässliche Wurzeln!

57 Der Widersacher

Welcher Widersacher wühlt sich
durch das Schicksal der Menschen,
überfällt die Welt mit Waffengewalt?
Erfroren sind die Blüten heute Nacht,
der Frost kroch durch die Adern.
Krankheit schlug mit Knüppeln zu,
Zelt an Zelt in der Wüste auf der Flucht,
zwischen Mauern zusammengedrängt.
Das Böse geht drohend durch die Welt, reisst
mutwillig Blühendes aus, zertritt das Lächeln,
das sich erschrocken an die Hoffnung hängt
und zitternd verloren im Strom der Zeit treibt.

58 Ahnung

Die Welt fällt aus dem Gleichgewicht,
Fortschritt geht auf dem Grat menschlicher
Möglichkeiten. Plötzlicher Steinschlag,
verloren geglaubte Kometen
schlagen ein, im Weg, der sich erst zaghaft
im Geist abzuzeichnen begann.
Rutschende Hänge, sie werden untergraben
von herabstürzendem Wasser, das immer wieder
die vielen Augen der Träumenden mit Tränen füllt,
verzweifelter Aufschrei, der aus dem Schlaf
Gerissenen: Ist's doch nur eine
flüchtig schwarz gemalte Ahnung?

59 Der Weg

Seltsam hängt die Welt
an den Hoffnungen der Menschen.
Welches Alphabet vermag den Weg
zu beschreiben, der dem Einzelnen
vorgezeichnet ist. Brücken
schwingen sich über den tiefgründigen Sinn
eines aus verworrenen Mustern
gewobenen Lebens. Obwohl unablässig
aus dunklen Schluchten Bedrohung murmelt,
gehen lichte Augenblicke auf
in die vorzeitig im Geist erblühte
jedem Verrat verschlossene Weisheit.

60 Blind werden

In meinen Augen verschwimmen
langsam die Linien, Nebel legt sich
über die fröhlich blühenden Büsche,
das Meer bewegt sein Ufer hin und her,
ins Sehen fliesst allmählich eine Ungenauigkeit,
die das feste Land überschwemmt.
Sätze tanzen verschwommen auf Wellen,
Buchstaben versinken willig im Fluss,
überschlagen sich hilflos, ihre Bedeutung
wird fortgespült, taucht unter und ringt nach Atem.
Ich fange an, blind zu tasten und finde erst
in meinen Fingerspitzen einen neuen Sinn.

61 Tonfolge

Wellen wandern über Hügel,
kreisen schmeichelnd um mein Ohr,
berühren hoch die weisse leichte Himmelsdecke,
fallen in die finster tief abgründigen
Schluchten, von Schmerz und Verzweiflung
aufgerissenen Erdspalten hinab,
schwingen sich wieder hinauf und tanzen
auf meinen verwundert gespannten
Augenbrauen und springen, sich rückwärts
überschlagend, hinein in mein Hören,
wo in flatternder Tonfolge das Leben
unbändig schön zu klingen beginnt.

62 Klangteppich

Die Welt ist ein Tongeflecht
und der Wind ein breites Band, auf dem
die Vögel fliegend Töne in die Höhe werfen.
Der Bach flüstert, die Wipfel wispern,
das Laub raschelt, doch wehe,
wenn die Stadt einfällt
mit Strassengeschrei, quietschendem
Bremsgestöhn, metallenem Flügelschlag,
frech über alle Zäune und Dächer
hüpfendem Heulen. Leise rolle ich
diesen wild gemusterten Klangteppich
zusammen und trage ihn lautlos in den Schlaf.

63 Mond

In jener Begegnung schwingt
unmerklich eine kaum sichtbare Saite:
Spiel die Wimpernharfe!
Jeder Lichtstrahl will klingen,
das dunkle All, zusammengedrängt
in der schwarzen Pupille, wird Klangraum
und öffnet sich bis zu den Sternen,
die deinen Namen geheimnisvoll umschreiben
und ihn lautlos der Stille anvertrauen.
In der Nacht deiner kühnsten Hoffnung
lege ich mich in deine Lider und
träume, Mond, von deiner vollen Gestalt.

64 Frühling

Ein Gegenstand bleibt in meinem Gedächtnis,
Unvergängliches blüht zwischen
den Zeilen, die unverbrüchlich in mein Gehirn
geschrieben sind wie in Stein gemeisselt.
Doch jetzt dreht sich unmissverständlich
die aus vielen Gedankenwinden
geformte Ewigkeitskugel
und wirbelt Buchstaben durcheinander.
Zahlen überschlagen sich
und deuten zögernd einen neuen Sinn an:
Durch die wir aufgewirbelten Blütenblätter
erahne ich allmählich den Frühling.

65 Vergessen

Wenn ich vergesse, schweben Worte fort.
Zu denken wäre an Ballone,
welche einer Kinderhand entglitten sind.
Sie hinterlassen eine entsetzlich leere Stelle,
denn das Vergessen schafft Landschaften,
wo niemand sich jemals niederlassen will.
Wild, unwirtlich, von Trauerstürmen
heimgesucht, doch die unbekümmert
Sesshaften bauen auf den Irrtum,
dass sie behalten können, was ihnen
immer wieder fröhlich lachend
der Wind entzieht.

66 Wortblumen

Am Bedeutungsstil wiegen sich Wortblumen,
die zufällig am Wegrand erblüht sind,
sie finden kaum Beachtung im dröhnenden
Strassenlärm. Hätte ich sie nur gepflückt
für einen Strauss, um endlich die Augenblicke
zu beschreiben und hätte sie duftend rot
und gelb auf meine Wimpern gestreut,
dass in tanzenden lichtdurchfluteten Kreisen
sich sogar die Sterne entschliessen,
einen neuen noch verborgenen Sinn
auf die leeren Seiten der Herzen zu schreiben,
denn schnell verwelken sie und verstummen.

67 Der Anfang

Was wissen wir von unserem Anfang?
Wann begannen wir wirklich zu sein?
Hat nicht jedes Lebewesen vergessen,
wie es damals ins Leben fand?
Wir tasten nun blind nach einem Ausgang
und gehen voller Angst
einem ungewissen Ende entgegen.
Nährt nicht plötzlich ein durchlässiger Augenblick
die Ahnung, dass alles Wandlung ist?
Fallen die Kämme der Wellenränder zurück
ins Meer und steigen neue Wellen empor,
um wieder in der Tiefe zu versinken?

68 Schicksal

Das Lebensfeld ist übersät von Enttäuschungen,
ich balanciere auf einem Augenblick
wie auf einem grossen rollenden Ball.
Taste ich mich durchs All, flöge ich leicht
an Sternen vorbei auf Kometenschweifen,
in welchen Raumtiefen treffe ich
mein eigenes Schicksal an, das aufgespannt ist
an unendlich vielen Lichtfäden.
Ich löse es aus dem ewig scheinenden
Goldrahmen und hülle mich damit ein.
In hell schimmerndem Kleid kehre ich zurück
und lese geduldig Steine aus dem Acker der Zeit.

69 Erinnerung

Was wäre Begrenzung? Bilder leben ewig
in meiner Erinnerung, wenn sie
auf den Grund der Seele gesunken sind,
wo eine Welt beginnt,
die vorsichtig aus dem Zeitgewebe heraus
gelöst wird und anderen Geboten gehorcht.
Endlich bringt das Schwergewicht nicht mehr
alles zum Stehen, Flussläufe kreisen,
luftige Bänder wehen und mitten
in dieser fliessenden Gewissheit
erscheint mein Gesicht, wenig gealtert,
schon in einem anderen, leicht entrückten Licht.

70 Sprung

Hinter der Erscheinung der Zeit
schweben andere Gestalten,
die zu verstehen wir nicht fähig sind,
denn durch alles Empfinden geht ein Sprung, der
uns vom eigentlichen Geschehen seltsam entfernt.
Welches Wort trifft genau den Sinn?
Um ein Haarbreit liegt es immer daneben,
noch nie vermochten wir den grösseren
Zusammenhang zu benennen,
doch genau durch diesen von Auge
kaum sichtbaren Riss, können
Engel endlich zu uns gelangen.

71 Kraft der Vergänglichkeit

Schaffende Kraft der Vergänglichkeit,
in meinem Gesicht sind neue Landschaften
entstanden, Gedankengletscher haben
Täler gegraben, Seelenschichten falteten
sich zu einem Sorgengebirge,
das sein Schwergewicht durch den ersten
weissen Schnee verloren hat und über der Stirn
wölbte sich der reine Sternenhimmel,
der mit seinem sonderlichen Glanz auch
die vom vielen Sehen dunkel getrübten Brauen
licht und durchlässig werden liess, als stünde
ihnen ein unbekümmerter Abschied bevor.

72 Von fern

Wärst du auf einem anderen Stern,
und sähest die Erde von fern,
tausendfach verwoben ist das Schicksal
der Menschen zu einem blau schimmernden,
feinmaschigen, mit goldenen Gedankenfäden
durchflochtenen Wolkenteppich,
unter dem die Gärten menschlicher Sehnsucht
liegen, die Bäche verborgener Trauer,
die unbegrenzten Felder der Wehmut
und Strassenzüge der stillen Geduld,
als warteten alle, zwischen anderen Sternen
in weiteren Bezügen aufgespannt zu werden.

73 Welle des Vergessens

Das Vergessen ist eine mich herum wirbelnde
Welle: In der weissen Gischt
vermischt sich Himmel und Erde,
ich sinke tiefer, Tiefe atmend,
ins grundlos Unvorhergesehene, verliere
den festen Boden, wo mein Zuhause sicher
stand, schwimme uneingeschränkt
Vergangenheit loslassend ins Offene.
Nicht einmal um Atem ringend, frei
in Wellentäler gleitend, über Kämme brechend,
kreist um mich der Horizont, wo hell
und fast durchsichtig Erinnerung aufschimmert.

74 Schweigendes Gebet

Wann werde ich sanft gedrängt,
die Lichtblumen loszulassen, die aus tieferer
Einsicht auf meinen Wimpern erblüht sind?
Wenn ich die Augen schliesse,
fliesst in glänzenden Wirbeln das Wissen
meines Herzens fort und mündet endlich
in den grossen Strom des Vergessens.
Werde ich dann blind nach Worten tasten,
die noch einmal mein Leben beschreiben?
Jetzt in weiterem, auch fernen Sternen
offen stehendem Umkreis falte ich wortlos
meine Hände in schweigendem Gebet.

75 Rot

Rot! rufen blutende Wolken
in den Morgen. Weil du in einem Traum
verletzt worden bist, werden die Tücher,
in denen du liegst, rot. Und zur Leidenschaft
gesteigert, wenn du erwachst, bist du
hingerissen zu einem Tanz, der sich
wild aus dem Schmerz herausdreht
und immer kreist durch die Adern
der Zeit. Und wo du mit der Fussspitze
hintrittst, entflammt ein Feuer
der Begeisterung, du hinterlässt
unvergessliche Spuren im roten Mohn.

76 Blau

Blau berührt welche Ferne,
fällt in welche unzugängliche Tiefe,
türmt sich auf, fliesst über Wolkentürme?
Welche Erinnerung steigt aus dem Zeitgewand
und breitet sich aus als Meer,
als See, als gewölbter Himmel,
in einem Tropfen, der vielleicht
als Träne über deine Wangen rinnt.
Findest du ein blaues Gewand,
das du behutsam um die Schultern
deines Traumes schlägst, dass endlich
die Ferne in dein Herz gelegt wird?

77 Gelb

Die Sommerflöte haucht ein Gelb
über die Felder, wo die trockenen Halme
stehen und einstimmen
in die schwebende Melodie.
Auch auf den gelben Sonnenschirmen,
auf den Blütenblättern und den hellen
geschmeidig kurzen Röcken zittert
in der Hitze diese unbeschwerte Lust,
sich zu entblössen. Auf der Haut
schwingt die vibrierende Leichtigkeit
weiter, nur noch Licht
fliesst über Haar und Schultern.

78 Schwarz

Wenn plötzlich Unheilsgewölk,
sich verdunkelnde Wortwolken, schnell
hereinbrechende Hassgewitter aufziehen
und die Fenster schwarz werden, hinter denen
sich Menschen verbergen vor Angst:
Stumme Schatten kriechen in die Augenhöhlen,
Hoffnungszeichen erlöschen,
die hell an der Wäscheleine im Wind tanzenden
Kleidungsstücke werden fortgerissen,
das feingliedrig Menschliche ist bedroht
von der hart fallenden Nachtseite
des Schicksalsschwertes.

79 Schrecken der Vergangenheit

Steht unserer Zeit noch mehr Schrecken
bevor, als wär's ein bitteres
Getränk, das in dunklen Fässern
der Vergangenheit gegoren ist?
Schwarze Gewitterfronten ziehen
nochmals herauf. Sogar im Traum
prasseln Tropfen gegen
unser Gesicht, in tief gegrabenen
Furchen rinnen Tränen
und mit ihnen rollt das Elend durch
unsere Kehle, ausgetrocknet vom Wüstenwind
der blinden unabwendbaren Schuld.

80 Der letzte Fluss

Du hast in diesem Fluss den letzten Atem
verloren. Wohin wirst du getragen, vorbei
an Pfeilern der Erinnerung und durch Strudel
der Schuld gewirbelt? Wer weiss, ob
diese Strömung spürbar ist in den Träumen
oder in einem nie mehr wiederkehrenden
Augenblick der Einsicht? In deiner von Sorgen
gefurchten Haut rinnen Tränenbäche.
Jetzt aber nimmt der Himmel
das Fliessen des Schicksals auf und dreht sich
in die Ohrmuschel Gottes hinein:
Höre das Rauschen!

81 Hauptweg und Nebenwege

Geh den Weg in kleinen farbigen Schritten!
Die gelben und rot hingehauchten und
hellblauen Streifen sind vielleicht fruchtbare Felder,
von einem fernen Traumstern aus gesehen.
Wer erntet endlich die reifen Erinnerungen
ans Gegangene, wo sich Bild an Bild
reiht? Denke nur nicht, der Weg gehe
geradeaus, steige lieber die Leiter hinauf
und lass die Hügel und Wasserläufe
tanzen und die Träume durcheinander
wirbeln, Stufe um Stufe zu einem
klaren und einsichtigen Horizont.

82 Burg und Sonne

Was soll diese Burg abwehren? Verbirgt
sich hinter schwarzen Steinen deine Angst,
dass plötzlich ein Feind einfällt und
mit blinden Waffen das Land einnimmt?
Du träumst von der mit farbigen
Holzklötzen erbauten Burg der Kindheit,
von gelben Dächern, blauen Durchblicken,
sorgsam geordneten roten Brücken.
Dahinter steht deine lachende Gewissheit, dass
nichts diese übermütig gebauten Türme umstösst.
Wenn die Sonne wie ein Pendel in Bewegung gerät,
hält sich deine Hoffnung daran fest?

83 Revolution des Viadukts

Wenn Brücken übermütig über Brücken gehen,
brechen sie auf in eine ungewisse Zukunft.
Ratlos stehen sie zuerst da
und suchen nach Sinn, wohin,
mit ihrer lachend farbigen Freude und
ihrer im innersten glühenden Sehnsucht.
Doch es scheint, dass der graue Grund
der Erde keinen Aufbruch duldet.
Da dringt ein Ruf durch alle Schichten
der Gesteine: Mach dich auf!
Schüttle deine Last ab! Befreit, unbändig,
tanze leicht über Brücken, den Himmel zu finden!

84 Der Goldfisch

Der durch Weltmeere schwimmende,
hell schimmernde Fisch trägt
in der alles durchdringenden Strömung
die letzten Strahlen einer längst
versunkenen Sonne und schaut
mit einem unzweifelhaften Auge
in die Tiefe, wo durch schwarze Löcher
abgründige Leere zu sehen ist.
Doch er fällt nicht hinab, sondern
zieht ruhig durch die Schönheit
blauer Wasserpflanzen eine
goldene, unvergessliche Spur.

85 Villa R

Welches bunt zusammengewürfelte
Schicksal baut dein Haus
und hält, was dir versprochen ist?
Vielleicht wohnst du einmal
an einem roten Fluss, wo
dein Blut im Verborgenen rauscht
und voller Leidenschaft ein Strom
unerfüllter Wünsche durch
dein Heute geht. Nun wartest du
hinter dem Vorhang, bis der Mond
über die unzähligen Hügelrücken gleitet
und dein Name in den Sternen steht.

86 Park bei Lu

Schweigen müsste ich und
nur mit Zeichen andeuten,
was ich fühle, ob ein zart
aufblühendes Blumenbeet meiner
Hoffnung oder die sanft sich
wiegenden Blätter an den Sträuchern
meiner Sehnsucht. Wer hat
die Wege angelegt, schwarze
Bedeutungsbäume, an denen
wie hingehaucht mit zarten
Farben der Sinn schwebt. Verstehst du's,
wenn du diesen Park betrittst?

87 Puppentheater

Treppe ins Ungewisse und zerbrochener Krug,
und doch ist es nur ein Spiel,
wenn das Mädchen fast verloren
auf der spärlichen Wiese steht
und mit leeren Augen träumt.
Plötzlich fällt mitten ins erst begonnene
noch unsichere Sein das Erschrecken,
dass alles ein Nichts ist und dahinter
noch ein leeres Universum ist und noch eins!
Aber mutig hebt die Puppe den Arm
und lädt dich ein, das Leben
noch einmal zu spielen und noch einmal.

88 Angstausbruch

Angst bricht aus in der vertrauten Welt,
die vorher schön geordnet war.
Du reisst die Augen auf und schreist
durch die leer gefegten Strassen,
wo Marktstände längst abgebrochen wurden,
die Fenster mit Brettern zugenagelt
und die Häuserschluchten verengt sind.
Das Alltägliche erschreckt dich,
durch die harmlos bekannten
Zeitungsbilder geht ein Riss, denn jetzt
bist du gemeint: Dein Schicksal legt eine
Schlinge um dich: Wie kannst du entrinnen?

89 Stillleben

Aus welchen Zeichen fügt sich am Ende
dein Name zusammen? Denke nicht,
dass Bilder ausreichen, dein Leben
zu beschreiben. Kommt ein Engel
und bringt ein Lächeln zu Tisch,
du setzest dich stumm und
neu, mit kosmischen Massstäben ordnest
du die Gegenstände, den Krug
und die Flasche. Dir wird ein himmlisch
schmeckendes Getränk eingeschenkt,
selbstvergessen trinkst du es bis zum Grund,
im Mond bringt der letzte Tropfen den Tod.

90 Blühendes

Blühendes bewegt die eng begrenzten
Stunden und die Zeit erscheint
im bunten, im Wind wehenden Kleid.
Fast vergisst du, dass ein Netz
von Vergänglichkeit über allem Irdischen
liegt und du eine Gefangene bist.
So tanzest du durch die gelben Felder,
du schmiegst dich im Duft an die hell blauen
Räume und entfaltest in den roten
Farben deinen ganzen Schwung,
es ist in der dunklen Dauer
nur ein begeistert blühender Augenblick.

91 Rosengarten

Rosen stehen da wie winkende
Windräder und weisen dir den Weg.
Welches Duftgebäude wird dich beherbergen,
wenn du diesen Garten betrittst?
Das Rot hat dich gerufen,
es schwebt als Schleier
in der Abenddämmerung und hüllt
dein Herz ein. Du kannst nicht widerstehen
und wirbelst durch die vielen fliessenden
Farbtöne und fällst am Ende in einen
grossen, durch die offen stehenden, alles sanft
umgebenden Blütenblätter geformten roten Kelch.

92 Le Rêve

In weichen Hügellinien möchte sich der Himmel
betten, selbst der Mond liebt es,
in jenen Tälern zu versinken und zu ruhen:
Wenn er sich nur nicht immer entscheiden müsste
zwischen dem vollen und dem leeren Gesicht.
Da löst sich im Traum eine Frau von den Waldrändern
und schmiegt sich tanzend an die dunkel
fliessenden Flüsse und eine Kette von
Sternen gleitet über ihre Schultern.
Durch die Nebelschleier schimmert ihre Brust
und mit schmalen Händen wirft sie
ihre ganze Lust dem langsam erwachenden Tag zu.

93 Der Spiegel

Unscheinbar verschwindet
ihre Schönheit in der Tiefe des Spiegels:
Bin ich es? fragt das Mädchen
oder vermischt sich mein Gesicht schon jetzt
mit einer fremden Landschaft, die sich erst
schüchtern in feinen zukünftigen Mustern
abzeichnet? Begehrt das Bild
ich selbst zu sein und öffnet
den Ausblick von Sternen vorgezeichnet
zu weiteren Bezügen? Neugierig
streicht sie über ihre Wangen, da wächst
in ihr die Frage, wann bin ich's wirklich?

94 Der Maler

Wie der Mond mit sicherem Strich seine Bahn
auf die Leinwand des Nachthimmels malt,
drängen sich ihm die Formen auf.
So überstürzt wie ein Krieger sein Schwert zieht,
so anschmiegsam wie eine Liebende
in den Schlaf gleitet, glüht sein Pinsel,
der kometenhaft in den leeren Raum fällt.
Berauscht von den überwältigend vielen
Möglichkeiten, geht er über die Brauen
in die Rundung der Brust, durch
den geschwungenen Mund, in die Falten des Kleides,
klar und bestimmt der einen Linie nach.

95 Ein Tag

Wenn das Licht andeutungsweise
den feinen Wirklichkeitsschleier zu weben
beginnt und spurlos die Nacht vergeht,
erwachen in den Landschaften Töne.
Der Wind trägt den Gesang der Vögel
von Baum zu Baum. Dann vermischen sich
die spitzigen Schreie quietschender Räder,
zuschlagender Türen mit der sich
fort wälzenden Menschenmenge
in den überquellenden Bahnhöfen.
Der breite Strom der Töne ergiesst sich in die Ebene
und der Tag fliesst ins Meer des Vergessens.

96 Herkunft

Aus einer Ewigkeit taumelnd wächst im Bauch
meiner Mutter allmählich meine Gestalt.
Ich schwebe verwundert in dem zwischen
Welten fliessenden Wasser, das mich
zu dem unumkehrbaren Entschluss drängt,
geboren zu werden. Nur langsam gewöhne
ich mich ans harte schmerzende Licht,
in welches das Gewicht der ganzen
farbig schillernden Erde fällt.
Ist es nur ein Traum? Bin ich in immer
grösser werdende Geschichten verflochten,
und weiss doch im Innersten von meiner Herkunft?

97 Mein Lebensweg

Wieviel Geduld muss in meiner Hand liegen?
Sand wird in meine Augen gestreut,
Träume tanzen auf den Wimpern,
kalt steht der Winter vor der Tür und
bläst den eisigen Wind in meine Gedanken.
Bald reift die Hoffnungssonne
am äussersten Zweig meines Daseins.
Verwurzelt im Sinnhügel der Zeit
wachse ich über meinen zufälligen Namen
hinaus und entfalte am klaren
Horizont meine bis zuletzt aufgesparte,
schon immer im Tod verborgene Bestimmung.

98 Arbeit

Arbeit der Menschen türmt sich auf
über Treppen, Stahlgeripppe, Statistik,
Tastatur, Uhrwerk und den Rädern,
die unerbittlich ineinander greifen.
Wohin wächst dieser Wille,
sich allmählich der Welt zu bemächtigen,
wo doch unzählige Namenlose auf ihren Schultern
Lasten tragen, Steine, Trümmer,
zerbrochene Hoffnung,
um den Turm zu bauen, der nie vollendet wird
und schwankend in der fliessend beinahe
tänzerisch verwirrten Zukunft steht?

99 Atemball

Schau, ich jongliere Weltgeschichte
auf meinen Fingerspitzen, einen sich drehenden
Ball haben mir die Vorfahren zugeworfen.
Jetzt hüpft er übermütig über Buchstaben,
Meere wirbeln herum, Wellen brausen auf,
Felder rollen sich zusammen,
Städte brechen auf. Wo der Ball zufällig hinfällt,
beginnen sogar Berge zu schwingen,
Erfindungen purzeln heraus, Stimmengewirr,
bis ich den Ball umfasse, durchsichtig und klar
steigt er in die Höhe, schwebend
merke ich erst jetzt, dass er mein Atem ist.

100 Universum

Einmal werde ich ins All
geschleudert und durch Sternennebel
schnell auf Planetenbahnen herumgewirbelt.
Einmal werde ich auf Schleiern
und Schweifen hinunterrutschen,
in rein geträumte Konstellationen einkehren
und durch das weiträumige Haus streifen.
Einmal werde ich den leeren schwarzen Raum
als Herzkammer im Innersten
durchströmen, vom Fixstern verspielter Ewigkeiten
aus den Sprung wagen ins Universum:
Oh zurückbleibendes schwebendes Blütenblatt Erde!

101 Alles Erinnerung

Alles ist Erinnerung! Du kniest
im Innersten einer klaren Ahnung nieder
und wirst schwer wie
ein ins Äusserste geschleuderter Stern.
Ist nicht das Erlebte dir einmal näher gewesen?
Fügt sich die Mondsichel nahtlos in die Nacht
und träumt sich nah an die Schlafenden heran?
Wenn erst die Bilder erwachen, reihen sie sich gerne
als Perlen ein in die kosmische Kette.
So geschmückt bewunderst du das Leben
im Spiegel, der zwischen zwei leicht verschobenen
Zeiten dich endlich ins Unendliche wirft.

102 Der Sprung

Ein Sprung geht durch die Gläser der Welt.
Ich sehe unaufhörlich Licht
durch die Ritzen strömen.
Wer hält die Engel von uns fern? Der Himmel
zieht stumm an uns vorüber und unsere
Ohren trocknen aus wie leere vergessene Täler.
Jetzt aber dringt ein Ton durch den Sprung,
der wie eine feine Saite gespannt ist.
Bald stürzt durch das Zerbrochene
die ganze glückliche Fülle Gottes in mein Herz,
wo ich lange jedes Gefäss ängstlich
hütete, dass es nicht zerbräche!

103 Verkündigung

Wem steht es zu, ein neues Zeitalter zu verkünden?
Der Engel steht wirklich am Eingang,
aus Traumfäden ist sein Gewand gewoben,
auf Strahlen sind seine Worte geschrieben:
Wer hört ihn? Maria ist schon lange gegangen,
sie hat einen blauen Schimmer hinterlassen,
zufällig bewegt ein Windhauch den Vorhang
und ein Lichtkranz rollt über die Wand.
Ich spüre auf meiner Wange eine Berührung:
Ist im Geist geheimnisvoll ein Weg
vorgezeichnet, auf dem Maria die Verlorenen
zurückführen wird ins Paradies?

104 Worte

Überflüssige zu Boden gefallene Worte,
in den Abfall geworfene, haltlos über den Rinnstein
kullernde, in Bildschirme abgetauchte Worte,
durch buntes Geschwätz hüpfende,
bedeutungslos leer gewordene,
an der Oberfläche treibende, im Lügengewitter
als Hagelkörner auf Blechdächer schlagende Worte,
im Irrgarten der Druckerschwärze eingesperrte,
bis auf die Knochen ausgehungerte, in der
Buchstabenwüste von Mächtigen missbrauchte Worte:
Würde sich ein Wort in den Ursprung fallen lassen,
fände es das erste Wort: Es werde!

105 Räume

Räume sind schon zwischen den sich
schliessenden Augenlidern aufgegangen,
fliege den Gedanken voraus!
Es öffnen sich mit lichten Flügeln Fenster.
Sieh hinaus, wie sich ganze Galaxien
entblättern, unmerklich schieben
sich deine Schatten dazwischen.
Überspringe diesen Moment, im Wirbel
eines unbedachten Sternenschweifs angekommen.
Gleite langsam in den Schlaf, der schon die weichen
Umrisse deiner Zukunft in den schwarzen
Grund des Weltalls vorgezeichnet hat.

106 Klänge

In allen Dingen schlafen Klänge,
das Pendel einer zufälligen Zeit
schlägt an Glocken,
die in den Gegenständen verborgen sind.
Ein Ton entspringt und weckt
unzählige andere Töne,
ein Klangmeer entsteht, das sich
wie ein neu geborenes Sonnensystem
in meinem spiralförmigen Gehör dreht.
Ich selbst werde zum Klang,
der sich in der Schwebe hält
und nicht fürchtet, in der Stille unterzugehen.

107 Noch verbleibende Zeit

Viele Glassplitter einer zerbrochenen Hoffnung
liegen verstreut auf dem schwarzen
Hintergrund meiner Zweifel.
Wer hat mit leichter Hand die Sterne
in den leeren Raum geschleudert,
dass sie nun auf schwankenden
Bahnen nach Sinn suchen?
Ich halte meine Tränen von der Trauer fern,
jene noch verbleibende Zeit
flattert unbedacht wie eine fröhliche Fahne
zwischen dem Jetzt und meinem unbekümmert
kommenden, blind geborenen Tod.

108 Lust

Wenn abends die Lust mit Farben
eine Landschaft malt, welche innig
verschlungenen Bilder schweben durch die Luft?
Der Körper ist eingehüllt in schlichtes Verlangen,
wenn die Hüllen fallen bricht ein Sturm los.
Liebeswirbel drehen sich im Wind,
verkrallen sich in den aufgelösten Haaren
des Waldes, treiben einen Himmelskeil
in die aufrecht stehenden Stämme der Vernunft,
bis alles fällt in einen kostbaren,
ins schwarze Universum gedrängten Moment:
Wie sanft die Hügel sich am Abend auflösen!

109 Asien

Traumbaum, unter dem ich sitze
mein Leben lang und warte
auf Erleuchtung. Es berührt mich,
als ein Blütenblatt
in meine offene Hand schwebt
und ich darauf meine Lebensgeschichte
entziffere, die schon mit Zeichen
des Winters geschrieben ist.
Was ich für Schneefall halte
in dieser späten Zeit, kalte tanzende
Flocken meines Vergessens, ist ein Blütenregen
aus einem gnädig übervollen Himmel.

110 Komposition

Dichtes Gewirr von willkürlich
ausgeworfenen Schicksalsstrichen, verstrickt
zu vielen feinmaschigen Geschichten.
In den Gedankenadern pulsieren
lichthelle, leicht sich überschlagende Ideen
und ein Geistesblitz durchzuckt
das feingliedrige Gefüge im Kopf.
Die Wellen vibrieren wie Libellenflügel,
du bewahrst die Erinnerung auf
in Schattenkörben, umfasst von weitverzweigten
Nervenbahnen und staunst, dass das Wort
in Schneeflockenform zu tanzen beginnt.

111 Blau des Vergessens

Hätte das Vergessen eine Farbe,
wäre es blau. Auf dem Mondgebirge
weiden die Trauertiere, deren Spuren
ich folge, bis ich zu ihrer Tränke finde,
wo in einem tiefen traurigen See
sich die Tränen zusammendrängen, um endlich
das Leid abzustreifen und sich hinzugeben
einer blauen überwältigenden Welle,
die aus dem Gedächtnis alle schweren
Gegenstände schwemmt und weiter fliesst
zwischen den geschlossenen Lidern
eines schlafenden Universums.

112 Rot der Erleuchtung

Wer würde nicht gerne in der brennend
roten Fläche versinken oder über den
schmalen gelben Grat der Erleuchtung gehen,
denn alles drängt danach,
in diesen letzten Abend einzutauchen,
um grenzenlos glühend unterzugehen.
Es scheint, du findest ein Fenster,
durch welches du zeitlos hinausschaust
und dich erinnerst, dass im innersten Kern
der Seele immer unwidersprechlich
ein rein entflammtes mit
deinem Sein tanzendes Feuer brennt.

113 Wer hat Angst

Solche geraden Linien gibt es in Wirklichkeit
nicht, erst wenn sie in Schwingung geraten,
entstehen Hügel aus Licht,
Flussläufe in den Zwischenräumen der Zeit,
sternenweit offene Täler.
Selbst die Wimpern beginnen zu vibrieren!
Und hätte das Schauen Flügel,
flöge es über blaue Demutsfelder,
berührte den klar begrenzten Denkhorizont,
umkreiste den roten Leidenschaftsberg,
der dich durch einen haarscharfen Lichtstrahl
von deiner uralten Angst befreit.

114 Farbspuren

Du wirfst Gedankennetze in die Luft,
um federleichte farbenfrohe
Wortwolken zu fangen. Tränenspuren
erzählen deine Geschichten, Kinder hüpfen
über helle Stundenstreifen ins Paradies.
Später stürzen Träume in dunkle
Schmerzschluchten: Wer hat dich endlich
zu den gelben Hoffnungsbergen geführt,
wo dein Schweigen verheissungsvoll
in luftiger Höhe vorbei schwebt?
Die flüchtig hingeworfenen Lebensentwürfe werden
mit spielerischem, fast heiligem Ernst beschwert.

115 Meditation

Wie tief schliesst du die Augen?
Vielleicht, als wärst du schon gestorben
und als fiele nie mehr ein Lichtstrahl
durch deine Lider, ein dichteres
Dunkel gibt es nicht!
Da bricht durch den schweren Schmerz
ein Schimmer einer Ahnung,
du malst mit reinen Farben
ein Meer von blauen, roten, gelben
Tönen in das Ohr, als wäre es ein leichtes,
dass in jener fliessenden Musik
das Leben aus der alten Erstarrung aufersteht.

116 Neue Räume

Dann lösen sich Wolkenbilder auf:
Was zu Sinnknoten verknüpft war,
verliert den Bezug, lose wirbeln Fäden
im Wind. Muss alles neu geordnet sein?
Welches Erschrecken, wenn das Stundengewebe
aus meinen Augen gerissen ist.
Blind taste ich nach Erinnerung,
fein zeichnen sich Linien
im Geist ab. Sie entwerfen den Grundriss
von Räumen, die sich höher
und schöner öffnen in meinem
zögernd staunenden Gehör.

117 Träume pflücken

Bunte Wortblumen an Wimpernstielen,
in Wiesen flattern farbenfroh
an hellen Flügeln Träume, die ich pflücke.
Den Strauss stelle ich in die Vase
der ewig bleibenden Erinnerung.
Wenn sich die Nacht in meinen
geschlossenen Lidern niederlegt,
stehe ich auf und hüpfe
über den Sternenteppich mit beschwingtem
Staunen und werfe das feingeknüpfte
Netz meiner Seele in das mit unzähligen
Geschichten bevölkerte Universum.

118 Mein Leben

Wenn mein Leben fertig gewoben ist,
löse ich es vorsichtig aus dem festen
Rahmen der Zeit und zeige es
einem Engel, der es vielleicht bewundert
und staunt über den Fluss der Farben
durch die dunklen Widerstände
hin zu den hellen Hoffnungssträngen.
So lege ich mein Leben um die Schultern,
in solcher Weise gekleidet,
mit goldenem Glanz übergossen
nach einer sternenweiten Reise
komme ich vor Gott und sage: Ich bin's!

119 Neu geboren

Mit welchen unsichtbaren Fesseln bin ich
für immer in der Verhängniskette gefangen?
Die Schuld wandert wie ein Schatten mit,
schon das Kind, unbändig begeistert vom Leben,
verstrickt sich in den ausgelegten Schlingen
der halben Wahrheiten und schiefen
lahmfüssigen Lügen.
Aber innen schreit ein Schmerz:
Wann werde ich neu geboren und streife das alte
eng geknüpfte Kleid ab und zeige es dir, Gott,
dieses aus Schuldfäden, Schmerzbahnen
und Freudenfarben gewobene Lebenstuch.

120 Wimpernschlag

Aus dem einen grossen Wunder
wird alles geboren, was ist.
Am Anfang schlief im Innersten
kleinsten Kern Gottes ganze Fülle, unendlich
winzig klein brach es heraus und schuf
den Raum, Sternen schmolzen und
zeichneten schon mit ihren schlingernden
kühn herumwirbelnden Bahnen
die kommende Weltgeschichte vor,
dass jetzt sogar durch meinen bescheidenen,
kaum wahrnehmbaren Wimpernschlag
das Universum zusammenzucken muss.

Gedichte zu Gemälden

Seelen-Fenster

hundertzwanzig Gedichte

1

Träume bekommen Flügel
und erzählen Geschichten
von bunten Wiesen und Blumen.
Auf durchsichtigem Teppich
mit eingewobenen Zeichen
erwachen plötzlich Figuren:
Heilende Geste eines Engels,
der sich langsam verwandelt
und von früheren Zeiten spricht:
Verweile! Schatten tanzen
im flackernden Licht
der Erinnerung.

2

Ein Kind sieht staunend
in einer Regenpfütze den Himmel,
es hat kaum begonnen zu erkennen,
dass sich das Spiegelbild
wieder verwirrt.
Im Spiel fügt sich der Mond
mit den verloren geglaubten Sternen
zusammen zu einer rein
geträumten Nacht.

3

In den Städten gibt es Strassen,
wo der Klang einer Glocke
sich auf die nach dem Regen
glänzenden Gehsteige legt.
Türen öffnen sich
von wer weiss welchen Häusern,
aus denen Verwandte treten,
die du noch nicht kennst.
Du folgst ihnen über Plätze,
vorbei an Brunnen,
durch enge Gassen und Treppen,
bis du sie in einer Menge
Gleichgesinnter wieder findest.

4

Blume,
die du nicht zu pflücken weisst
und deren Duft du aufbewahrst
in lange vergessenen Bildern.
Blume,
die auf einmal erwacht,
wenn der Wind der aufgehenden
Sonne Blütenstaub zuträgt.
Blume,
die sich sacht an deine sich
schliessenden Lider schmiegt,
wenn du schläfst
und nichts mehr siehst
als nur sie.

5
Wohin
die Wolken ziehen:
So viel Freiheit ist nicht zu wägen
mit allen Gewichten der Welt.
Selbst der Raum staunt,
der hingebungsvoll
die nach Himmel Dürstenden
hinnimmt.

6
Du träumst vom Reisen:
Häuser und Dächer fliegen
an dir vorbei.
In welchem Fenster
stillt sich deine Sehnsucht,
da in einer geschwungenen Vase
gebundene Sträusse
deiner tausend Fernen stehen?

7
Durch wie viele Spiegelungen
siehst du die Welt?
Lässt der See wirklich die Wolken
über seine glatte Oberfläche gleiten
und gewährt ihnen immer die Tiefe,
dass im Grund die Zeit zurückfällt
zu sich selber und sich an deine Augen
verschenkt als jener leuchtende
durch keine Wellen bewegte
Punkt ewigen Lichts?

8
Die Welt ist
in blaue Stoffe eingewirkt,
Lichtspiel in den Falten.
Formen fliessen ineinander,
wo Berge oder Meere oder Wüsten sind.
Der frei fallende, strahlendurchlässige,
weit umfassende Vorhang
ist noch zugezogen
und verbirgt die tiefsten Wahrheiten.
Einmal, für welches göttliche Schauspiel,
wird er geöffnet?

9
Löwe, König der Tiere,
deine Mähne entflammt
in leidenschaftlichem Feuer.
Wenn du brüllst, verbirgt sich
die ganze Wüste erschrocken
in den schwarzen Schatten
der spärlichen Felsen.
Und doch, wenn deine Stimme
am leisen Klingen des Windes
sanft geworden ist, bist du
ein leuchtender Bote des Friedens.

10
Ein Engel besänftigt
die aufgebrachten Gemüter,
im Gewitter zerschlagen Hagelkörner
des Hasses reifende Früchte.
Reissende Bäche des Zornes überfluten Wege,
Felder versinken und Stürme entwurzeln Bäume
mit peitschenden Winden des Unmuts.
Doch die Räume sind gross genug,
dass der erste Sonnenstrahl
danach ein vergebendes
himmlisches Lächeln ist.

11
Landschaft,
voll von so viel Himmel,
wenn die Sonne untergeht,
wandeln sich die Winde im Licht
zu flüsternden Boten.
Sie versprechen dir durchlässige Bäume,
Berge aus Wolkentürmen,
leichte Erde, die sich auflöst,
wenn warmes Gold
aus den Fenstern der Übergänge fliesst.
Du gehst die Stufen
der Dämmerung hinab
auf der Leiter abendlicher
Erleuchtung.

12
Der alte Mann am Eingang
sitzt dort seit Stunden.
Wie weit ihn seine Beine
noch tragen, ist ungewiss.
Er lässt die Menschen
mit einem leicht verworrenen
Lächeln vorüber gleiten
und bleibt unbeirrbar
Felsen in der Brandung:
Wann steht er auf
und geht fort?

13
Schwingungen zwischen Schlaf
und Wachsein: Beides wird berührt.
Die Saiten füllen bebend
die Zwischenräume aus,
der Spieler hält die Geige schräg,
in genau gefühltem Winkel in den Klang,
der immer schon da war:
Nun ist alles verbunden,
jedes Wort findet
im Urgestein der Träume
seinen Ton.

14
Die Stille wird ein Bild.
Ich höre Farben fliessen:
Gelb tanzt, schon längst
den Widerständen enthoben,
als wäre kein Gewicht mehr
in den blauen tiefgründigen
Strömen der Meere,
wo kein Boden mehr tragen muss.
Rot ist in eine aufbegehrende Flamme
gezwängt und ergiesst sich über den Himmel:
Sogar die Sonne löst sich mühelos auf
und springt von Tropfen zu Tropfen
in den eigenen Untergang.

15
Wo bist du gewesen?
Deine Schatten blühen,
wenn du träumst.
Von welchem wundersamen Atem
bist du angehaucht? Langsam löst sich
deine Seele von den schweren
unabdingbaren Gesetzen der Erde.
Schon in anderem Licht
erscheinst du mit einem Lächeln
und findest dich am Ende
in einem staunenden Erwachen
wieder.

16
Kennst du dich aus
unter dem Himmel des Südens,
wo diese Brücke dich plötzlich
zurückruft in eine frühere Zeit?
Sterne liegen weit auseinander,
deine Schritte führen vorbei
an Palästen in den engen Gassen.
Der Fluss trägt unter dir
deine Gedanken hinüber
in ein anderes Leben,
das doch das deine ist.

17
Schicksal ist,
wenn die verblühenden Rosenblätter
auf den verwachsenen Weg
im Garten fallen. Du hast es nicht
in der Hand, welche Wunder
dir begegnen. Du bist plötzlich
eingenommen vom Duft
unscheinbarer Sträucher
und von unvermeidbaren Abschieden
ermutigt. Du gehst weiter
durch nicht absehbare Räume
dir freundlich zulächelnder
erfüllter Augenblicke:
Das Leben kennt keinen Verlust.

18
Meere, weisst du's noch,
unaufhörlicher Wellenschlag?
Der Mond schimmert schon
auf dem weissen Sand.
Du gehst verzaubert
auf dem Silberstreifen
der untergehenden Sonne entgegen.
Nichts, flüstere es in den Wind,
hält dich auf! Immer weiter
wird das wogende, von Urzeiten bewegte,
von leuchtenden Fischen durchschwommene
Universum des Traums.

19
Dein Bild fügt sich aus den feinen
Schwingungen der Zeit zusammen.
Kaum spürbar
zwischen den Wimpern
ist dein Wesen zu sehen:
Aus Sternen und Mond,
aus leichten luftigen Liedern
und unvorhersehbaren Begegnungen
zögernd zuerst und dann ganz klar:
So nah
warst du mir noch nie.

20
Spielendes Kind, du wirfst
den Ball in die lachend helle Luft,
die dich immer umarmt.
Du läufst mit deinen übermütigen,
noch wankenden Schritten
auf kein Ziel zu.
Im Entzücken über deine neuen,
dich masslos überraschenden
Möglichkeiten stösst du den Schrei aus,
in dem dein Leben
damals begann.

21
Diesem plötzlichen Erschrecken,
dass dich niemand versteht,
weicht allmählich die Gewissheit,
dass die fremden Zeichen
deiner Schrift
Gedanken von Engeln sind,
in deren Nähe du dich schon immer
geborgen fühltest.
Sind deine Worte Erinnerungen
an ein früheres flügelleichtes Leben?

22
Leichtgewichtig, beinah
als würdest du jenen Blättern
gleichen, die früh schon,
von Farbe erfüllt,
sich von den Bäumen lösen:
Sie haben ihr schönstes Kleid
angezogen und werden wortlos
von der Erde fortgehaucht,
um in Schweigen gehüllt
den Abschied zu verkünden.

23
Das eine Blatt ist verloren:
Was darauf schon alles stand,
ist nicht mehr zu entziffern.
Es ist von einem Zweig gebrochen
und ins Glühen der Vergesslichkeit
getaucht. Es schwebt
auf den wildesten Winden wie benommen,
um dann, am Ende,
das lange gereifte,
durch immer grössere Kreise
des Schweigens erweiterte Geheimnis
der Erde anzuvertrauen.

24
Auf welche Inseln treibst du zu?
Das Wasser hält seine grössten Gefahren
mit schonender Geste zurück.
Du wirst von den hohen Segeln
fort getragen, denen der Wind
seine weisse Empfänglichkeit leiht.
Träumend von den neuen Ufern umfangen,
glaubst du, schon angekommen zu sein.

25

Bilder sind in die Erinnerungen
eingeschrieben, schon längst
vom Schwergewicht der Erde
losgelöst. In den Träumen
formen sich immer neue Welten,
in denen du dich plötzlich
selber wieder findest,
vielleicht in einer flüchtig
fallenden Blüte oder
in einem zufällig scheinenden
Lächeln, das im Vorübergehen
nur dir alleine gilt.

26

In den farbigen Fenstern des Ausblicks
entdeckst du Landschaften des Glücks.
Das Rot dreht sich in diesem heilenden Kreis,
überschlägt sich beinahe und ergiesst sich
ins Blau, wo doch in der Mitte
das helle, unverfälschte Gelb thront
und alle Gesten des Lebens zusammenfasst:
Es wird eins mit dem Licht,
das durch die fein verzweigten,
sich bis in die kleinsten Zellen ausbreitenden
Adern des Geschauten fliesst.

27
Lust, bist du auch
ein tollkühner Wellenreiter?
Hat dir das Meer von seiner Leidenschaft erzählt,
wenn in deinen Mund das Wasser steigt
und sich kaum halten kann?
Später streichst du mit den Fingerspitzen
über meinen Rücken und malst Bilder
von Engeln, die aus weissen
Wolken Seligkeit trinken.

28
Zu diesem Garten gelangst du nur
im Schlaf, wenn du die Wege
der Wolken gehst. Plötzlich steht
wie hingehaucht ein Baum
aus noch zarterem Grün.
Die Blätter sind in solch sanfte Seide
eingehüllt, dass du mühelos auf ihnen
die Schrift des Lichtes entzifferst.
Lächelnd ernten die Blumen
Bewunderung auf einer Wiese,
wo sich nur die feinsten Gefühle
aneinanderschmiegen. Um nichts
zu zerstören, darf der Garten
nur von Engeln betreten werden.

29
In einer Muschel geborgen
bist du selbst Gehör geworden.
Du hörst das Rauschen des Meeres
und das hohe Klingen der Planeten
auf ihren unbeirrbaren Bahnen.
Auch Gefühle haben ihren Klang:
Du hörst den glänzenden, vor Freude hellen Ton
oder, wenn du traurig bist, den dunklen.
Führe die vielstimmigen Chöre,
die aus allen Dingen singen,
in dein einfaches Herz zurück.

30
Erzählen dir die Berge
von ihrem Los, schwer zu sein?
Du kannst sie nicht tragen,
aber dein Staunen, empor
an steilen Wänden, verwandelt
den innersten Kern jenes
Jahrtausende alten Gewichts.
Ein Berg springt lachend
über eine deiner Wimpern und
singt: Wir Steine werden leicht
in deinem Anblick und tanzen
fröhlich auf dem Seil deiner Seele.

31
Mein Gebet ist die Türe,
einen Atemspalt weit geöffnet,
wo Düfte herwehen
von uferlosem Frühling.
Noch ist ungewiss,
auf welchen Handflächen
diese unumstösslichen Zeichen
zu blühen beginnen.
Nur der Raum ahnt langsam,
dass er sich nicht zurückhalten kann
vor diesem Übermass
an göttlichem Hauch:
Werde einfach ein Hörender.

32
Von diesem endlich werdenden Geheimnis
mögen die Worte schimmern,
dass an den Bäumen nun
deine Lichtrede zu lesen sei.
Ich schweige jetzt, von Ewigkeiten
des Werdens eingehüllt,
das Leben geht weiter.
Hinter der Schwelle
jenes anderen Erwachens
ist kein Aufwand mehr nötig.

33
Was für ein Ausblick
durch mein Seelenfenster!
Ich schaue über hingehauchte Hügel
und sanft abfallende Täler,
auf Brücken über uralte Flüsse.
Mein Zögern wird zu den verborgenen
Quellen zurückgetragen: Landschaft,
welche sich nach innen öffnet,
hat ihre eigene Tiefe überstiegen.
Von Wolken der Fügung verhangen,
in klärendem Morgenglanz,
staune ich nur hinaus.

34
Menschen begegnen mir:
Sie sind aus ihrer Vergangenheit
gestiegen und glänzen
im Gewand unbekümmerter Engel.
Um den Hals tragen sie
den Gebetsschal ihrer Geschichte,
die ich schon ahne,
wenn ich in ihre Nähe
wie in einen Tempel trete.
Der Ort wird heilig,
denn ich entdecke in ihren Gesichtern
eine Himmelslandschaft.

35
In der Wüste zünde ich
die Hungerkerze an, Sand
an meinen Augenwimpern.
Glühende Spuren führen mich
auf den Berg, wo plötzlich
aus wer weiss welcher Wolke
zwei steinerne Tafeln erscheinen.
Auf ihnen sind fremde Zeichen
in der Schrift der Seele geschrieben.
Erst am Ende, nach langer
Wüstenwanderung, wenn ich
den Fluss der Erlösung durchquere,
erkenne ich sie
als Gebote der Liebe.

36
Wir gehen hinauf
durch die sanft ansteigenden Täler.
Bäume begleiten uns,
aus deren Schatten wir trinken.
Gärten schmiegen sich
an die geschwungenen Wege,
manchmal hängen Früchte
an kühn sich uns entgegenbiegenden Ästen.
Sie haben ihre Fülle aufgespart,
um unser endlich ausgesprochenes
Verlangen zu stillen.
Noch höher hinauf geht es,
dass wir über der Hügelkuppe
unserer Herzen die auf uns wartenden
Sterne erblicken.

37
Jetzt betrete ich die Stadt
durch eines der Tore,
das mich durch einen Vogelruf anlockt.
Ich schwebe durch die Gassen,
weiss glänzende Häuser sind
aus Steinen der Sonne gebaut.
Sie blenden mich nicht,
denn bald gelange ich ins kühle Innere
des Tempels. Immer noch sind
vom bunten Markt her Stimmen
zu hören, die leuchtende Früchte
anpreisen. In der Mitte wird es still,
ich entsinne mich der vielen,
schon längst vergessenen Namen Gottes.

38
Es scheint mir
vor Urzeiten gewesen zu sein:
Ich riss den Mund auf und schrie
Prophetendonnergrollen
und ein Sturm brach los.
Fetzen von Zorn schleuderten
durch die Luft, Gottes Stärke fegte
brausend in wilden Wirbeln durch
den von Zerstreuung leicht flatternden Alltag.
Von Gottes Wort glühte meine Zunge,
dass ich am Ende den Brunnen,
den meine Väter gruben,
bis auf den Grund austrank.

39
Der milde Wind weht
Blütenblätter von den Bäumen.
Zu immer neuen Mustern
fügt sich der Zufall zusammen.
Was mit den vielen wechselnden
Wolken in den Himmel geschrieben ist,
verspreche ich mir auch
von meiner Seele.
In ihr findet sich
wie in einem ungetrübten Spiegel
der hohe Schwung und die kühnen,
sorglosen Figuren
der Sterne wieder.

40
Immer wieder begegne ich ihm:
Er geht mit leichten Füssen
übers Wasser, plötzlich leuchtet
sein Gewand im Licht
des Himmels brennend rot,
wie wenn die Sonne untergeht:
Mein Herz ist in Liebe entflammt.
Sein Wort weht Frühlingswind
den Menschen zu.
Am dritten Tag ist er auferstanden
in meinen schon zur Gewissheit
erblühten Glauben.

41
Der Weg geht weit über Berge
bis in unsere Zeit. Er ist
von menschlicher Geschichte aufgeschüttet
und wird von den ziehenden Wolken berührt,
selbst die kleinsten Steine
machen dem Wanderer Mut.
Manchmal begegnet dir in dunklen Nischen,
zwischen Mauervorsprüngen oder hoch
auf Gipfeln thronend das Kreuz,
es gibt dir als stiller Gefährte
das Wissen mit,
dass der Tod Verwandlung ist.

42
Wo bleiben wir?
Die Sterne finden keine Ruhe
auf ihren lange vorhergesehenen Bahnen.
Meere fliessen nach den Kräften
des Mondes: Mein Blut rauscht
von schweren Erinnerungen.
Wo ist der Ort?
In den Gesichtszügen flüchtig
erscheinender Engel,
in langsam nachlassenden Winden
tritt plötzlich Stille ein
durch die fast verborgene Tür
eines Augenblicks.

43
Es bleibt dir jetzt
zu tanzen aus der aufgehenden Knospe
dieses verspäteten Frühlings.
Ihr schlafenden Kräfte der Erde, erwacht
und verliert euch in den vielen
sich entfaltenden Blättern!
Ihr findet euch wieder in der hellen,
nach Vollendung duftenden Pracht.
Farben wirbeln,
Blüten überschlagen sich beinahe.
Jener Schritt in den Himmel geschwungen
bringt den Kosmos ins Drehen,
dass der ferne, schon verloren geglaubte Stern
in den Kelch einer vor Begeisterung
glänzenden Blume fällt.

44
Ein Turm, der über die Nacht
niedriger Gefühle hinausragt,
steht in meiner Seele.
Wenn ich emporsteige
auf der geschwungenen, grosszügig
sich windenden Treppe,
gehe ich an den Glocken vorbei,
die jeder Stunde Flügel verleihen,
sie schweben im Klang
über der Landschaft meines Herzens.
Ich gelange endlich zur Aussicht,
die vorher sogar meine leiseste
Ahnung kaum berührte:
Täler, Wege, Hügel und Felder,
nur noch von Engeln begehbar.

45
Dann gelange ich zur Kathedrale,
zur noch nicht erbauten.
Sie zeichnet sich erst im Geiste ab:
Sieh, die Flügel des Vogels
berühren sich hoch oben,
beinah am Gewölbe des Himmels.
Auch meine Wimpern,
wenn ich nun die Augen schliesse,
sind Bogen, auf denen das ganze,
am Rand erträumte Gebäude ruht.
Erahnen nicht schon meine Gebete
diesen heiligen Raum?

46
Das Portal ist bestürzt
von dieser Grösse. Wasserfontänen
schiessen empor und lassen sich
mit ausgebreiteten Armen fallen.
Bäume übersteigen ihre Wurzeln
und geben dem Himmel die Krone hin.
Ich gehe über Stufen unendlichen
Wachstums hinauf und öffne
einen kleinen Spalt die Tür,
die unter den grossen Bogen
zusammengekauert auf mich wartet.
Ein Luftzug jener riesigen,
inneren Räume streift meine Wangen.

47

Die Säulen werden nicht müde,
mein Staunen zu tragen,
das wie vielblättriger Klee
in die Höhe wächst.
In die Kuppel, welche die halbe
Erde umfasst, lege ich mein
an diesen unerhörten Massen
leicht gewordenes Wesen.
Jene Bogen verneigen sich,
sie biegen ab aus den geraden Bahnen
in den schon seit Urzeiten
heilenden Kreis und berühren sich:
Ich werde Teil der aus Wundern
gereiften und bis zur Vollendung
erblühten Architektur.

48

Kein Gefäss kann es fassen,
das Fenster schaut nicht mehr hinaus.
Versunken in die eigene Mitte
entspringt im Innern eine Quelle,
die aus der Tiefe Farben heraufzaubert.
Woher kommt das Blau, das dich sanft bettet
und die hohen, klaren Töne des Gelb?
Plötzlich beginnt sich der Kreis zu drehen:
Himmlische Gärten fliegen an dir vorbei,
Klänge mischen sich in dein Empfinden,
schon immer hier gewesen zu sein.

49
Dass nicht von den Türmen und Dachzinnen
die Drachen losgelassen werden!
Eher gewöhnt sich der Stein
an die sanfte Geste des Engels,
auch andere Heilige nicken zustimmend!
Das ganze Volk zieht durch die Wüste:
Langsam der Geschichte entwachsen,
von den bösen Geistern nicht mehr verfolgt,
findet es sich im alten Traum wieder
und erreicht endlich seine Heimat.

50
Ich schlendere über Plätze der Stadt,
als ich dir begegne:
Wie viele Bänder sind
um die schönen Sträusse
erfüllter Augenblicke geschwungen?
Zufall ist nur der Krug:
Wer hat die göttliche Fügung
über unser Leben ausgegossen?
Du gehst an mir vorbei,
doch der Duft jener Ahnung,
dass dein Schicksal aus dem Samenkorn
erblühen kann, hüllt dich ein.
Du wendest dich mir zu
und schaust mich an.

51
Aus den Fenstern blühen blaue Schatten,
der Wind hat die Vorhänge aufgebläht.
Blumen fallen mir zu,
im Innern erkenne ich dich.
Aus welchem Traum hebt sich dein Gesicht
in die warm geatmete erste Ahnung?
Nun bist du auch in meiner Seele zuhause.
Sieh den Park mit den alten Kastanienbäumen
und die Wege mit dem weissen Kies.
Die Bank wartet geduldig
und lädt uns zum Verweilen ein.

52
Ich hebe dein Lächeln behutsam
von deinen Lippen und stelle es
in die Vase meiner kühnsten Hoffnung,
dass es blühe. Ich neige mich dir zu
und der Stern, von meinen Träumen
seit Urzeiten bewohnt, gleitet in deinen Schoss.
Du empfängst mit einer bis in den Schlaf
gelösten Geste meine zur Asche
verglühte Sehnsucht zu sein.
In welchem Augenblick
beginnt das Wunder?
In dir wächst das Kind.

53
Wir bewohnen Wasserschlösser.
Die Brücke schwingt sich leicht
zum Eingangstor. Ich schaue
aus dem Fenster durch die mit Sternen
bestickten Vorhänge und erwarte
dein vom Lauf der Gestirne
begleitetes Kommen.
Blüht endlich der zukünftige Frühling?
Wo treffen wir uns?
Vielleicht in der hingehauchten
Mondsichel legen wir uns zusammen,
die wie ein Schiff ohne Segel
über den Horizont gleitet.

54
Wie ist der Alltag zu bewältigen?
Unsere Kleider tanzen unbändig
an der Wäscheleine im Wind.
Hast du die Rosen schon geschnitten?
Hast du den roten Mohn, der sich immer
dazwischendrängt, blühen lassen
wie das Feuer in den Fingerspitzen
unserer Zärtlichkeit?
Hast du die Tassen schon gewaschen,
in denen die Spuren unserer langen Gespräche
zurückgeblieben sind?
Hast du das Gericht mit den wilden Gewürzen
gekocht, das wie ein südliche Melodie
auf meiner Zunge klingt?

55
Nun ist mein Gesicht im Spiegel
eines Traumes dir erschienen.
Du umarmst mich, sogar mein Schatten
tanzt entzückt in deiner Nähe.
Der Atem ist voll von den Winden,
die den goldenen Blütenstaub mittragen.
Plötzlich wird das Wort durchlässig
und empfänglich für die Liebe:
Was wir uns gesagt haben
wird zum Feld blühender Welten.
Wir können es immer noch nicht
benennen, trotz der vielen Nächte
und des gemeinsamen Schlafs.

56
Dann vergeht die Zeit,
Rosenblätter verfärben sich.
Du trägst ein rotes, samtenes Kleid,
als wir am Abend durch den Garten tanzen.
Um uns herum wirbeln Farben von Blumen,
die wir damals in die Erde pflanzten
und regelmässig bewässerten.
Aus unseren Wünschen wird ein Brunnen,
zu dessen Rand die Vögel aus fernen
Träumen geflogen kommen und trinken.
Wir lassen Früchte reifen
im immer wiederkehrenden Sommer,
der uns schon nicht mehr
zu überraschen vermag.

57

Der Herbst ist Vorbote,
die Adern beginnen zu glühen.
Wir treten an die Ränder
unserer Herzen und schauen hinaus:
Verwandelnde Kraft in Spiralen,
sich drehende Winde nehmen uns hinein
ins innerste Gebot der Liebe.
Dort wartet niemand mehr,
alles ist Erfüllung.
Wir halten die überfliessenden Kelche
der Zeit in unseren Händen
und werden geführt durch verblühende,
dem Himmel Raum gewährende Wälder
von Erinnerungen, die sich sorgsam neu
im Unvergänglichen ordnen.

58

Erschrecke nicht!
Der Winter wurzelt in der Leere.
Die nie empfundene Lücke zwischen
euren Worten ist mächtig geworden.
Der von Menschen aufgetürmte Sinn,
der sogar in die entferntesten
Gedanken ragte, ist eingebrochen.
Eine gefrorene Wimper schlägt
schmerzhaft auf den nur noch
schwach atmenden Augenblick.
Wir entsteigen auf einer Leiter
behände den Abgründen
und haben den Grund gefunden
für den rätselhaften, von Wundern
durchdrungenen Aufstieg.

59
Wir gelangen zu jener Stadt,
die auf den Wolken
manchmal sichtbar ist.
Aus Strahlen erbaute Strassen,
glänzende Steine sind aus
dem innersten Durchblick geformt.
Durch seelenhohe Tore gleiten wir,
unser Wissen zeigt sich
in den schmalen Fenstern,
in denen bekannte Gesichter
flüchtig erscheinen.
In der Mitte, auf einem Platz,
wo das Schicksal Feste feiert
von tausend Sternen begleitet,
springen endlich die befreienden,
weissen Fontänen aus dem Wolkenbrunnen.

60
Bunte Kuppeln, frohes Lachen
der Fahnen, die in den Wind springen,
Häuser mit runden Fenstern,
wo die Seele ein und ausgeht,
schiefe Wände, die nicht zu stützen sind,
sondern sich auflösen im Atem
der nahe beieinander Wohnenden:
Ein Sternengefährt steht bereit,
mich zu dir zu bringen.
Durch die Strassen jener Stadt
eilen lautlos die Gedanken voraus.
Wir treffen uns hinter unbewohnten Gärten
immer bei jenem Baum, der jedes Mal um
einen unendlichen Jahresring gewachsen ist.

61
Unbändiger Sonnengruss:
Du trinkst das Licht
aus hohen, unsichtbaren Bechern.
Der Himmel wird zur Quelle,
deren Tiefe du nicht erahnst.
Sogar die Schatten lösen sich
von deiner Gestalt, dass sie nun endlich
selbständig in jenem zur Vollendung
führenden Tanz versinken.
Du stehst, von Verwandlung verzückt,
in dem einen, von Zwiespalt
nicht mehr geteilten Raum,
der sich wie leichte, weiche Kleider
an dich schmiegt.

62
Du bist ein Flüchtling,
hinter dir ist das Dorf abgebrannt.
Das Pferd zieht den Wagen,
treib es an, treib es an!
Schon sind die schwarzen Spuren
der Vertreibung ausgestreut.
Das Entsetzen hat sich verirrt
und blitzt auf irgendwo in einem Schrei.
Schritte gehen nachts vorbei
an dunklen Stämmen im Wald
deiner unaussprechlichen Angst.
Verstummt, nur die drohenden Zeichen
am Himmel deuten auf jene Verwirrung hin,
die sich manchmal im Traum
wie von Engelshänden zu lösen scheint.
Jetzt aber stürzen noch die Wolken über
den Menschen ein und du weißt nicht wohin.

63
Wache auf
und lege den verwirrenden Traum ab
wie das zerknitterte Kleid!
Leiden sind Schatten,
die in den Gesichtsfurchen hängen.
Eine Schlucht liegt
hinter stillen Waldrändern
und duftend weissen Holunderblüten.
Du steigst mutig die steilen Stufen hinab,
zwischen Felsen rauscht
der Bach und wirft sich wild
in schäumende Strudel.
Dort, sieh, wie hingehaucht,
zwischen den schroff abfallenden Wänden
ist die Brücke, leicht geschwungen.
Unbeirrbar zeigt sie dir den Aufstieg
zu dem sanft erwachenden,
klar aufstrahlenden Tag.

64
Das Los des Menschen ist es,
immer unterwegs zu sein und nicht zu wissen,
wo das Ziel des Weges liegt.
Im Kreis zu gehen
und allmählich den Umfang einer Blume,
noch bevor sie aufblüht, zu ermessen,
ist Erfüllung, die dich unmerklich
im Umlauf der Gestirne durchdringt.

65

Bäume haben ihren Stolz,
sie stehen als Zeugen einer bleibenden Welt.
Hätte ich solche Wurzeln,
ich würde gelassen das Vergangene
überragen und mit der Krone
im kommenden Licht aufgehen.
Zeit fliesst gebündelt
durch die knorrigen Äste
und treibt Blätter in die Zukunft,
die sich im Voraus abzeichnet.
Die Wolken und Stücke des Himmels,
die lautlos durchs Laubwerk ziehen,
sagen mir, dass meine Gedanken
genauso zu Bäumen werden
und zusammenstehen, um jener Wald
zu sein am Abhang des Seelenhügels.

66

Ich schwimme gelassen im Wasser,
die Sonne tanzt in den Mulden und Kämmen
der kleinen Wellen. Ich mache Züge vorwärts,
ein Meer von guten Gedanken umgibt mich.
Der offene Horizont nickt mir wohlwollend zu:
Wage dich noch weiter hinaus!
In meine Arme passt die Rundung der Erde.
Mein Blick mündet zuletzt
in den bis jetzt immer nur erahnten
grossen Kreis, an dessen Innenseite
sich ruhig die Meere schmiegen.
Ich gleite schwebend,
nicht mehr nach Atem ringend,
in die Tiefe

67
Wind, welches Segel behält dich ganz
und verliert dich nicht
an die angrenzenden grossen Räume?
Ich lasse den Atem sinken
durch die tausend Ringe meiner Seele
bis auf den untersten Grund.
Von Berührung erfüllt,
steige ich wieder staunend empor,
ich hebe den Atem über Hügelkuppen
und Gipfel und Dächer und Türme,
ich entschwebe leicht und nichts Schweres
verdunkelt mein Gedächtnis.
Ich löse mich auf im Himmel,
deinen Händen sanft entglitten
und kehre zurück, selbstvergessen
mit Gottes grosser Verheissung.

68
Warum denkst du ans Vergängliche,
von diesem Duft verblühender Rosen erfüllt?
Der Tod kommt mit verhallenden Schritten,
in seinem Gesicht steht das versöhnende Lächeln,
wie hinter den Wolken
der scheu hervorleuchtende Mond.
Das letzte Wort wird dir
von den Lippen gezaubert, schweige nur:
Jetzt sollen die voll geschriebenen Blätter
von deinem Lebensbaum fortgeweht werden
und dein Gewissen leer dastehen.
Endlich wagst du dich in den Garten
deiner Seele und weisst:
Solche Wege, übersät von den Blüten
deiner Gedanken, vergehen nicht.

69
Feuer! Schau, die Steppe brennt.
Das dürre Gras wird von der Hitze entfacht,
ganze Städte fangen Feuer.
Flammen hinterlassen schwarzen Rauch
aus den Fenstern der Häuser.
Ist es nur ein Traum, dass die ganze Welt
ins verzehrende Feuer fällt?
Nein, erwache nicht, du hast die Asche
in den Wind geworfen
und tanzest auf den Flammenspitzen.
Von glühender Umarmung erhitzt,
sprich nur eines deiner Feuerworte,
Gott, ich höre.

70
Du spielst mit den fein abgestuften Farben
einer Landschaft lichte, helle Töne:
Fliessendes Grün im Wasser,
Wälder mit aufklärenden Stellen,
wo die dunkelblauen Schatten übergehen
ins fast durchsichtige, sonnengetränkte Gelb.
Du ahnst schon den klaren Himmel,
Musik hebt sich vom Gesehenen
und klingt in den Räumen
deiner längst nach innen gekehrten Augen.
Die Welt ist, wie in einem Spiegel
des stillen Flusses, auch im Grund
deiner Seele anzutreffen.

71
Sing dich hinein
ins nie endende Lied der Sterne.
Ein aus Stille geformtes Wort
verliert sich auf deinen Lippen:
Leise, mit Flügeln beginnender Klänge
berührst du die äussersten Ränder der Erde,
selbst die Berge münden
in den Strom unendlichen Gesangs.
Die Meere ergeben sich
mit jeder Welle mehr
dem grossen, von feinen Melodien
getragenem Rauschen.
Dein Ohr lässt die Begrenzungen los
und die Rundung gleitet
in immer weiteren Kreisen
in den Klang hinein.

72
Bist du's, der singt,
oder hat vielmehr Gott in dir
zu singen begonnen?
Die beiden Stimmen vermischen sich,
keiner bleibt allein. Deine Seele
wird klingender Raum.
Der Wind streicht über Blätter und
gibt sich einem erfüllenden Lächeln hin:
Alles wird zum Lied.
Das Wiegen des Schilfes
und das langsame Herantasten der Nacht
ans sinkende, immer wiederkehrende Licht
verleiht dir die Stimme, die du weitergibst
an den nie geschlossenen Mund Gottes.

73
Wo enden die Wege?
Im Grasland meiner Gedanken
verläuft die Grenze zwischen Traum
und Wirklichkeit: Hält niemand Wache
und ruft dich zurück, wenn du unerkannt,
das Gesicht hinter einer schützenden Geste
verborgen, zu mir kommen willst?
Klar soll der Augenblick werden,
rein, wie ein Edelstein kostbar.
Wir fahren in einer schmucklosen Gondel
übers Gewässer ans andere,
unbewohnte Ufer und wissen,
dass wir mit jedem Schritt zurückkehren
in deine schön beschriebene
wie ein Palast offen stehende
Zukunft.

74
Atemwende,
die Geschichte kommt nie mehr zurück,
sie geht weiter von einem Eingang zum anderen.
Du bist eingetreten ins Jetzt,
in eine von vielen Heiligenbildern
glänzende Kapelle.
Erst hinter den Hügelkuppen
erreichst du deine reifsten Gedanken,
du wirst selbst zu jenem ewigen Wanderer,
der die Sterne in seinem Gepäck mitträgt
und nicht in den billigen Pensionen
menschlicher Schwäche verweilt.

75
Wolkenbilder lösen sich im Himmel auf,
der Maler kann sie auf der Leinwand
nicht festhalten. Lass sie los,
schon formt sich aus den noch nicht
gesprochenen Worten ein neues Bild.
Wehe, du verstehst zu früh,
was ich sagen will:
Der Sturm fegt das Blatt leer.
Die zerbrochenen Buchstaben wischst du
mit deinem Mitleid zusammen,
den feinmaschigen Netzen deiner Wissbegier
entkommt elegant der Schmetterling,
nur seine leichten Schatten
tanzen noch lange auf deiner
ausgestreckten Hand.

76
Welche Heimat ist unvergänglich?
Dein Lächeln wird verwischt,
wenn die letzten grossen Regenfälle
menschlicher Trauer über die Erde
niedergehen. In einer Schale
mit heiligem Wasser werden dir
die verlorenen Gefühle zurückgegeben.
Du könntest den Trost sogar trinken,
jetzt ist Wasser in Wein verwandelt,
der in deines Herzens Sonne gereift ist.
Weiter, von Stunde zu Stunde unbehauster,
durch jeden Abschied offener,
gelangst du unter den Bogen hindurch
zu den sich dir zuneigenden Sternen.

77
Durchgänge, Türen, Schwellen, Portale:
In jedem Augenblick öffnet sich ein neues Bild.
Wir sind nicht nur Betrachter,
sondern selbst Gestaltende.
Du hast diese Brücke selbst entworfen,
die sich schaudernd über den Schluchten hält.
Du hast dem Sommervogel
Farben, jene unvergesslichen, gegeben,
dass eine helle Spur
durch den dunkelnden Herbst
deiner Lebenszeit geht.
Du hast den Turm gebaut,
von dem du über die sanft
entschlafenden Landschaften schaust,
du hast der Rose den Duft verliehen,
die im Inneren deiner Erinnerungen
nicht verblühen will.

78
Umgewendet, ist es nicht mehr,
verstehst du den Sinn?
Von Flügeln berührt,
ist es schon fortgeweht.
Was du noch sicher und gross
in Händen hältst, erscheint
verwandelt im neuen Licht.
Wenn der Engel durch die Mauern
der Burgen und Schlösser geht
und im innersten Zimmer
deiner Seele die Posaune bläst,
kann kein Stein auf dem andern
bleiben.

79
Nun endlich trittst du ein
in den Raum des Gebets:
Eine Kugel umgibt dich.
Ihre Oberfläche ist immer vom
Atem Gottes umflossen,
sie dreht sich, durchlässig
bis in die innerste Mitte
und spricht immer dieselben Worte.
Berge und Sterne gewähren dir
Zutritt zu ihrem Geheimnis:
Du ahnst bis zu den äussersten Rändern
des Alls die vielen heiligen Namen Gottes.

80
Einfach eingerichtet
ist mein Gebet:
Ein Stuhl, ein Tisch
und darauf ein Stück Brot,
das ich breche
und damit die Welt
ernähre.

81
Kein Zufall ist im Schwung
deiner Zeichnung, Formen
schmiegen sich aneinander,
überschlagen sich jubelnd
und springen über deinen Pinsel:
Sie finden immer den Raum,
der ihnen gelassen
die langen Umarmungen gewährt.
Und doch, wenn du die Linien
deines Lebens sehen willst,
verhüllen sich die gleichen Bilder
vor den Augen der Zukunft.

82
Aus vielen Mustern verschiedener Stunden
setzt sich der Tag zusammen.
Ein buntes Geflecht von Gedanken
und Wirklichkeiten: Fliegen die Engel
immer dem Wimpernschlag voraus,
dass wir sie nicht sehen?
Manchmal berühren ihre Flügel
meinen Schatten, dass ich erschreckt
aus dem Sommertraum erwache.
Im raschelnden Laub
suche ich am Boden Buchstaben
für meine Gedichte, die sich leise
ins Leben schleichen.

83
Nun kannst du nicht mehr umkehren,
zu weit bist du schon geschwommen
auf dem Meer deiner Seele.
Wer lächelt dir zu?
Das andere Ufer trägst du schon
mit Gewissheit und grosser Würde
in dir.

84
Du bewohnst das Schloss,
das berühmt geworden ist durch deine Vorfahren,
sie regierten weise das Land,
welches du nachts im Traum bereist.
Wie weit reichen die Felder?
Die Strassen verlieren sich
im Morgennebel und Städte
schmiegen sich in sanfte Mulden
der Täler. Wälder gleiten
über stille Hänge in Schluchten hinab.
Wenn du durch die langen Gänge
gehst und Gäste in weiten Kleidern
empfängst, weisst du nicht,
ob die Geschichte von damals
in deiner Gegenwart zum Leben erwacht.

85
Aber vorwärts geht's,
das Ziel ist jenseits der Hoffnungsberge.
In deinem Herzen gibt es noch die Insel,
die von den Paradiesvögeln
regelmässig angeflogen wird:
Palmen neigen sich mit blauen Schatten
über den weissen Strand,
übergossen von der Abendsonne,
die durchs ganze All pulsiert.
Vielleicht kannst du es
in einem deiner Worte einfangen
und in einem Buch niederlegen,
duftend von den Heilkräutern
deiner Sprache.

86
Vergessen kann ich es nie,
obwohl die Gegenstände
mit ihren Namen langsam
aus meinem Gedächtnis entschwinden:
Was hat dich so sehr umgewandelt,
dass ein Engel nun deinen Traum aufhebt
und ihn in deine Seele zurückträgt,
dass er wirklich wird.
Dein Traum ist nun verwurzelt
im Sinnhügel deiner genau begrenzten Zeit
und blüht plötzlich auf.
Wie ein Baum bringt er dich zum Staunen,
er hört nicht auf,
jubelnd mit Blütenwörtern zu sprechen:
Beinah den ganzen Himmel
übersät er mit Leuchten,

87
Jetzt gilt es,
Abschied zu nehmen
und auf das Wiederkehrende zu vertrauen.
Nichts geht verloren,
schlafe ein und schliesse die Augen!
Von deinen Lidern fliegen
die guten Gedanken auf.
Das Laub bedeckt die Wege,
vom Sommer träumend und flüstert
mit deinen Schritten, wenn du gehst:
Vergiss die Erde nicht,
nimm die Erinnerungen hinüber,
dass im Innersten der Bilder
das Leben nie erlischt.

88
Lass deine Seele
wie die vielen farbigen Fahnen tanzen,
feire das Fest.
Der Wind schmiegt sich
in die wehenden Tücher,
auf denen einer der Namen Gottes
geschrieben ist: Frei und verwöhnt
durch die weiten Räume.
Du kehrst zurück in die innersten
wohlgehüteten Kammern deines Herzens:
Dort erschliesst sich dir
die immer noch unverstandene,
nur erahnte Sprache des Gebets.

89
Auf den Hügeln des Glücks
lassen sich jubelnd Engel nieder,
auf ihren Gesichtern und Stirnen
fliessen Lichtworte:
Du reihst dich mit immer
leichteren Schritten ein
und bist mitgerissen
von dem sich drehenden, mit Klängen
des Himmels erfüllten Tanz der Seele.
Suche den Ort,
wo sich dir dieser Ausblick öffnet.

90
Am Ende kehrt der Anfang zurück.
Wie viele Wege bist du gegangen
durch das Traumgebirge?
Nur der Abstieg fällt dir schwer.
Du verlässt den Gipfel
und gehst die steilen Täler
der Wehmut hinunter,
wo sich glänzend und beinahe blendend
die Sonne widerspiegelt.
Das letzte Wort des Seelenbuches
ist eine Brücke, welche dich
über den starken Strom
der Erinnerungen führt.

91

Immer wieder muss ich Dichter werden,
Worthülsen fort blasend,
in denen die Welt sich spiegelt,
sie bersten, vom Schweigen reif geworden:
Schon ist's gesagt.
Im Feuerwagen fahre ich in die Höhe,
von geflügelten Pferden gezogen.
Räder drehen sich in der Luft,
sie suchen Sinn und rollen
über Umrisse ferner Gedankenberge.
Im Feuer bequem Platz genommen,
lese ich Himmelszeichen:
In meinen Handfurchen tanzt
auf einem Seil die kommende Zeit.

92

Die Schatten wandern
auch wenn du an den Fahnenmasten
der Sehnsucht die Sonne festbindest.
Du streust Gedankenstaub in die Spuren,
sie führen über den aus zermahlenen
Buchstaben entstandenen Hügel der Geduld
hinab ins Tal, wo die goldenen Wege
sich an die Waldränder schmiegen:
Wer weiss, wie lange noch.

93
Ich taste nach Sinn.
Der Wind füllt die Segel,
das Meer öffnet sich zwischen den Zeilen.
Die Silben schaukeln auf den Wellen,
ich habe das Ufer aus den Augen verloren.
Nimm den Buchstaben und rudere!
Die Wasserstrassen führen mich
weiter hinaus ins Offene,
nur der Stern zeigt mir,
wo ich bin. Sein Glanz legt sich
in meine Lider und schläft:
Ich lasse mich treiben
im wortlosen Traum.

94
Die fliegende Mähne der Wolken,
das Schneepferd jagt übers Land.
Halte die Zügel fest!
Die vom Wind aufgewühlten,
weissen Gärten ziehen vorbei.
Wirf ihnen Rosen nach,
die in den lichtblinden Augen blühen,
weiter, der Eisstern ist nicht dein Ziel.
Auf dem Rücken der Träume reitend,
nimmt dich kein Haus auf,
nur der offene Himmel ruft.

95
Mit einem weissen Haar
schreibst du die Zeit ins Gedächtnis.
Bilder schwimmen auf dem Fluss
des Vergessens, wo du stehst
mit der Angelrute.
Kein Fisch wird jemals anbeissen,
denn er kennt deine Absicht
und zwinkert dir mit grossen,
farbenfrohen Augen einen Traum zu,
den du schnell wieder vergisst.

96
Ich hänge eine Fahne in den Wind,
kommt alle, wir treffen uns hier
auf dem Hügel des Herzens:
In einer mit Wasser gefüllten Schale
den Mond einfangen,
mit einer ausgewählten Geste
Liebe weitergeben,
im eigenen Atem Baumkronen bewegen,
mit Sonnenstrahlen ein Lichtkleid weben,
auf den Zehenspitzen
über die schäumenden Wellen
eines Wortes tanzen,
in der Handfläche eine Träne
durch die Furchen rollen lassen!
Ich lege dir die Zukunft ans Herz.

97
Zeitlos leben, vielleicht gelingt es,
einmal zu schweben.
Glockenklänge legen ein Netz
von Entzücken übers Dorf,
wer sich darin verfängt, vergisst den Weg.
Noch geträumt, in verschwommenen Umrissen,
blind, das zögernde Gefühl des Frühlings
abwartend, wagt der Schmetterling,
nun in festerer Gestalt,
von einer Blüte zur anderen zu tanzen.
Versuche nur nicht, es auszusprechen,
sonst fällst du ins Gewicht der Worte
zurück.

98
Wo verläuft der Weg?
Tage führen mich vorbei
an verschlossenen Palästen,
gebaut aus dem Duft einer einzigen Rose,
vorbei an schön gebundenen Sträussen
von Hoffnung und schnell aufblühender
Sehnsucht. Ich mache Rast im Jetzt
und staune über die Aussicht:
Ich sehe sogar die Berge der Liebe
unumstösslich in der weiten Landschaft
des Seins, Gipfel und Grate
einer zart aufgehenden Demut.
Aber weiter vorne, da,
ein im Abendlicht brennender Busch
ruft meinen Namen!

99
Kann ich einmal über die Hügel
des Herzens wandern? Am Himmel
stehen Zeichen, die ich lese:
Bald wird ein verjüngender Wind kommen,
Steine beginnen zu reden,
verschlossener Sinn der Geschichte springt auf.
Im Licht lachen die Vögel und lehren
den erstaunten Menschen das Fliegen.
Bald verwandelt sich das harte Brot
in den Genuss köstlicher Weisheit:
Ich wandere weiter und finde einen Stock,
vom Baum der Einsicht gebrochen,
unfehlbar stütze ich mich auf ihn.

100
Ruhe, nur noch das Zusammenfliessen
der Gedankenströme,
nur noch das Fallen des Laubes,
Buchstaben gleiten beim Blättern
aus der heiligen Schrift
und bilden einen neuen Gottesnamen,
nur noch der Atem, wenn am Abend
in den Städten das Leben leiser wird,
nur noch hingehauchte Spuren,
wer weiss von welchem Wind.

101

Im Spiel fügen sich Figuren zusammen.
Ein Narr tritt lachend auf und erzählt
von Wolken, die am Wäscheseil hängen.
Ein König greift ein,
dessen Krone besetzt ist
mit klar geschliffenen Träumen.
Eine Frau sucht nach Liebe
und liest vertrocknete Blütenblätter auf,
dazwischen tastet sich
ein alter, halb blinder Mann vor,
der seine Vergangenheit in einem bunt
bestickten Schal um den Hals gebunden hat.
Ein heiliger Einfall, jemand hält
unsichtbar die Fäden in der Hand:
Ich vertraue der spielerischen Fügung.

102

Vergessen, im Nebel vergehen
die festen Formen, wo bin ich?
Nur noch die Sterne zeigen mir das Mass,
zwischen zwei Augenblicken liegt
wimpernbreit mein Schicksal.
Die Buchstabenwelt tanzt
vor meinen Augen, Schneefall.
Lachend lese ich den letzten Satz,
spiele nicht mit meinen Gedanken,
Wind, meine Finger werden kalt.

103

Eine Melodie hüpft über die Stunden,
das Sternbild des Glücks
fügt sich zusammen. Lauter rauschen
die Bäche und versprechen Frühling.
Der Wind findet immer eine Saite,
die klingen will. Der weisse Kirchturm
ragt in den erwartungsvollen Himmel,
nie verstummen die Glocken.
Denn die eine halbrunde Hälfte
meiner Gedanken sucht die andere,
um einmal ganz und heil zu sein.
Nur andeutungsweise spannt sich
ein göttlicher Bogen
über menschliche Zeit.

104

Wir sind zum Festmahl eingeladen,
mit kostbaren Löffeln der Erinnerung
schöpfen wir aus der vergangenen Zeit.
Brücken über die Schlucht eines Schreckens
sind aus Gefühlen der Kindheit gebaut,
das Lächeln einer freundlichen Stunde
gleicht hingestreuten Blüten des Schicksals.
Zufälle reihen sich aneinander und
verbinden sich zu einer Perlenkette.
Ich koste von den schön zubereiteten Gerichten
und feiere mit meinen Freunden,
auch mit den schon gestorbenen,
das Leben.

105
Der Weg ins Traumland geht
durch die hingestreute Lichtsaat
der Wirklichkeit. Die Gedanken werden
schwer, wenn plötzlich der Berg
messbarer Zeit sich auftürmt.
Wie viele Stunden hast du schon abgetragen?
Immer noch stehst du fassungslos
vor dem Übermass bevorstehender Tage.
Lass dich ein
ins Blühen unangekündigter Augenblicke,
ins Dämmern der Worte,
ins unausgesprochene Hereinbrechen der Nacht,
ins Aufblühen der Liebe und ins dunkelnde
Rauschen von Blättern im Wind:
Träume den Weg,
bis er leicht wird.

106
Jenseits der Worte erreiche ich
den Fluss der Zeit.
Wie komme ich hinüber?
Nimmt mich jemand auf die Schultern?
Ein Riese ragt aus den Sinnfragen heraus,
stützt sich auf den Stock
seiner eigenen Geschichte, stark
von langsam gewachsener Erfahrung,
in seinem Blut fliesst das vom Ursprung
rauschende Vertrauen: Er trägt mich
hinüber und kennt mein Gewicht.

107
Ich tanze auf einem Teppich aus Worten,
mit jedem Atemzug übe ich die Sprünge.
Der Überschlag und die fliegende Pirouette
gelingen. Sanft werde ich aufgefangen,
wenn ich falle. Meine Träume
sind zu Mustern verwoben:
Garten mit schön geschwungenen Wegen,
ein Brunnen, der sich verschenkt,
Ränder beginnender Blüten,
die sich im offenen Blickfeld
an die Wangen der Wanderer schmiegen.
Nach dem Gebet
rolle ich den Teppich zusammen
und gehe unbekümmert weiter.

108
Seltsam, ein Augenblick fällt ins Wasser
und sinkt auf den Grund.
Wellen breiten sich kreisförmig aus,
meine Gefühle schwanken,
das Spiegelbild der Sonne löst sich
in tausend glitzernde Sterne auf.
Soll ich mich an die Wolken hängen?
Vielleicht schaffe ich es, in weichen
weissen Betten einzuschlafen.
Nur das Erwachen steht klar am Himmel:
Der verblassende Mond am Morgen,
seltsam, dass auch heute die Zeit vergeht.

109
Die leuchtende Spur der Vögel
ist ins Gedächtnis meiner Seele geschrieben.
Ob wir lachen und hüpfen vor Leichtigkeit,
ob wir jubeln über einen ungewissen Sieg,
der plötzlich eintrifft,
ob wir durchscheinende Tränen weinen,
in denen innen zusammengekauert
lauter Freude sitzt,
ob wir schweigen mit den zusammengepressten
Mündern des Urgesteins,
Worte, in denen sich Vergänglichkeit spiegelt,
bewegen den Augenblick.

110
Jenseits des Annehmbaren
tanzt die Zeit in Schneeflockenform
im fallenden Raum. Leere windet sich
aus dem drehenden Zufallskreisel heraus.
Am Stiel der Erkenntnis öffnet sich
die Knospe, um Blume zu werden.
In deinem Atem bewegt und fortgeweht
Blütenblättergestöber.
Im späten Frühling, echt und dennoch,
von den vielen Gewichten
der Wirklichkeit beschwert.

111
Mit dem Gedankenpinsel male ich
ein Bild in mein Gedächtnis,
die Wellen der Seele gleiten darüber
und wischen es aus.
Es bleibt der leere, rein gewaschene
Wille Gottes. Ich habe vergessen,
wohin ich gehe. Erst tiefer
auf dem Grund erzählen Zeichen
von meinem fernen Sternbild.
Die Buchstaben meines Namens
stehen verlassen da. Wer weiss,
welche Traumwälder ich durchstreife.
Ich halte Ausschau nach Lichtungen
der Weisheit, wo Wiesen unbekümmert
blühen. Dort würde ich mein Zelt
aufschlagen und hinaushorchen
selbst in mondschweren Nächten,
bis das Tier sich nähert,
dessen Fährte mich zur Wahrheit führt.

112
Und dennoch füllt sich die Träne
mit einer seltenen Wehmut:
Einmal warst du näher bei den Einsichten,
spürtest den Lebenshauch der Blumen
und warst dem Mond auf der Spur.
Sprache floss aus deinen Träumen
und war ein Auge,
das ins Innerste der Dinge sieht.
Jetzt suchst du die Buchstaben,
verlorene Ähren nach der Ernte auf dem Feld,
und schreibst mit ihnen ein Klagelied.

113
Sinnsteine türmen sich auf,
nur langsam wächst der Bau.
Jahrzehntelang schon komme ich
an diesen Ort, wo Bogen aufsteigen und
sich einander zuneigen.
Auch das Wort hilft,
den Grundriss zu entwerfen,
Räume auszumessen,
Pfeiler zu erdenken und
Gewölbe auszuspannen.
Betrete ich die Kathedrale,
finde ich keine Steine,
Wände sind durchsichtig und begehbar,
Stufen nur andeutungsweise,
Türme schweigen und werfen stolz
ihre Höhe in die Luft.
Ich ahne, dass dieses Bauwerk
in meiner Seele entsteht.

114
Wolken sind zum Greifen nah,
ein Verhängnis unter freiem,
leicht gewölbten Himmel.
Mein Glück ist nicht getrübt,
auch wenn die weissen,
lose in den Raum geworfenen Tücher
sich zum schwarzen Gewitter verdichten.
Mein Regenhut hat einen breiten Rand,
auf ihm tanzen die Tropfen.
Sie machen Musik für das grosse Publikum,
für meine vielen, neugierigen Gedanken.

115

Glaube nicht, dass du auch nur eine
von den vielen Zahlen behalten kannst.
Sie tanzen an dir vorbei
und wollen viel bedeuten:
Jahre, Stunden, Zeit, Grösse der Räume.
Das Mass deiner Seele aber
bekommt Flügel und entschwindet
aus deinem Horizont.
Wie betrunken torkeln die Zahlen,
halten sich die Bäuche vor Lachen,
springen in den Fluss und lassen sich treiben.
Wehe, du willst eine herausziehen,
weil sie dir zuwinkt, du fällst selbst hinein.
So bleibt dir das vergebliche Zählen
der Leermondnächte,
das Durchschreiten von Schneefeldern,
die zwischen zwei Gedanken liegen,
das Warten auf eine Stunde,
die sich in einem Lichtball auflöst.
Gott hat deine Jahre schon längst gezählt.

116

Sei im Kleinen begeistert!
Eine Spinne spannt Gedankenfäden,
in denen Tränen hängen,
welche die Sonne am Morgen weint.
Die Wellen lachen,
wenn das Boot vorbeigefahren ist:
So schnell holst du mich nicht ein.
Das Gewitter kommt erst am Abend
nach dem langen heissen Tag.
Dann bin ich schon längst
in meine Träume zurückgekehrt.

117
Der Himmel zieht vorbei.
Der Reisende hält keine Wolke fest,
immer neue Bilder bauen sich auf.
Ein Dorf ist in die Mulde des Tales
gelegt, gelb schreiende Felder,
beruhigende Musik dunkelgrüner Wälder,
Menschen, die winken mit ihrer weissen,
im Wind flatternden Sehnsucht.
Wege verlaufen in losen Bändern
über Hügel, mehr als Schmuck
und nicht auf ein Ziel zugehend.
Das grosse, klare Auge eines Sees,
welches bis auf den Grund einer Stunde
schaut: Ich gehe vorüber und doch
nehme ich den letzten Strahl des Tages
in meiner Seele auf: Ich verabschiede mich
vom heutigen Tag.

118
Reise ins Unbewusste plötzlich
in einem zufälligen Augenblick,
ich reche Kieselsteine
auf meinem Gartenweg.
Zuerst kommen Berge von Vergangenheit,
ich sehe sogar die Ritzen in den Felsen,
über dem Abhang ist die kleine Hütte
meiner Kindheit, ein Pfad schlängelt sich
hinauf, wo glückliche Wanderer entzückt
die Aussicht loben. Dahinter ist das Meer,
in Küstennähe liegt ein Schiff vor Anker,
auf dem die Seligen bis an den Rand
der Zeit gesegelt sind und jetzt
ihre unsäglichen Sprünge
von den hohen Masten ins Wasser wagen.
Im nächsten Augenblick bin ich
wieder zurück und reche weiter
meinen Gartenweg.

119

Blütenblätter der Erkenntnis sind
schön um die Mitte geordnet.
Im Gewand des Duftes gehen
unsere Gedanken und reihen sich ein.
Der Tanz beginnt:
Wir drehen uns im Kreis, wir stehen,
verneigen und bewegen uns
und werfen einander im Spiel
die Sonne zu.
Immer auf der Suche,
halte die Zahl nicht für bare Münze.
Auf der Rückseite lächelt ein Engel
und wirft dir den Zufall zu,
du stehst Kopf
und überlässt die Entscheidung
einem weisen Augenblick.

120

Durch Türen und Tore kommt die Sonne.
Was leise begann mit einem
unscheinbaren, kaum merklichen Strahl,
der sich durch die Dämmerung
der Gedanken tastete,
ist zur Fülle geworden.
Nun fliesst das Licht über Stufen
der Stunden und spült die Bedenken
und Rückstände einer alten Angst
aus der Mulde der vergangenen Zeit.
Plötzlich, im glänzenden Fluss,
taucht Gegenwart auf.

Im Schatten des Engels

Frühe Gedichte

1 Fiele dein Wort

Fiele einmal, Gott, dein Wort in mein Herz,
wie sollte ich da die Nächte bergen,
wo weit mein dunkles Schweigen steht.
Plötzlich stürzen Sterne in dein Sprechen

und glühen über meinen ungelehrten Lippen,
die ich immer wie Lider
im Schlaf geschlossen hielt:
Fiele einmal dein Wort in mein Herz.

2 Zacharias

Nicht wissend, wo ich mein Stummsein verberge,
betrete ich die wie Nächte grundlos tiefe
Hoffnung meiner Frau, einmal das Kind zu gebären,
was hell in meinen Zweifeln steht.

Sie neigt sich wie ein sternenloses Gewölbe
über mich, in dessen Raum mein Schweigen
sich ergiesst. Ich kann mit anderen Zeichen
ihr bedeuten, was ich von Engeln hörte.

3 Verkündigung

Dass niemand ihres tiefen Seins Bedeutung sähe,
hielt sie ihren jungen Frauenmund verschlossen,
schwieg. Bis Nächte sie bedrängten, schön zu sein:
Ängstlich löste sie ihr Haar und horchte:

Aus dieser Stille fiel ein Wort
und machte ihren schlichten Schmuck erglänzen:
Des Engels Finger weist in ihr Verwundern
und preisend erwidert sie mit ihrer Geburt.

4 Die Samariterin

Von Liebe geht ein leiser Hauch
und zeichnet in ihr Lächeln Wellen zögernder
Erwartung. In den Brunnen blickend sagt sie:
Hast du kein Gefäss?

Da hebt er seine Tiefe sacht an ihren Mund:
Nun trinke! Und aus anderem Grund
wird leuchtend ihr Gesicht: Verzeih,
dass ich dich lange nicht erkannte!

5 Kreuzabnahme

Warum beugt ihr euch, Bäume,
und krallt in die Erde euer Geäst.
Die Frauen lösen um den Tod ihre Haare
und schlagen die dumpfen Nägel an ihre Stirnen.

Dunkles Schluchzen bricht aus Nächten,
die jäh auf ihre Lider niederfielen,
als sein Körper schwer in ihre Arme sinkt.
Nun müsste mich ein Engel trösten.

6 Der Dom

Wie Säulen steht mein Weinen in der Welt.
Die Bogen aber kann ich, die wie Zweige
aus dem Tränenbaum in den Himmel ragen,
nicht alleine tragen.

Wenn ich müde dann die Augen schliesse,
Wimpern sich zu hohen Spitzen neigen,
wenn sie in den tiefen Glanz geschaut,
ist der Dom erbaut.

7 Liebeslied

Geliebte, du musst immer fern im Schlafe
weinen, gelöst in eines Engels Lächeln
rührst du innen an meine Stirn
und rinnen Tränen in den tiefen Traum.

Du hebst zögernd deines Schosses Becher
und neigst ihn durch Schleier mir zu.
Goldene Blumen fliessen aus dem Strauss,
der von wehem Leid gebunden war.

8 Perlengedicht

Mein Weinen ist gefasst in Edelsteinen
und ist an ihrem Ohr ein heller Schein.
O gingen doch durch Spiegel meine Tränen,
dass ihr Lächeln sie empfingen.

In ihrer Schönheit blüht der dunkle Schmerz,
da Nächte schwer an meinen Lidern zerrten.
Und sie neigt sich leicht den Wassern zu,
die ihr Perlen reichen nach weher Geburt.

9 Die Windsbraut

Ein Gewitter ist im Kommen.
Der Wind flicht Bänder in dein Haar,
deine Brauen sind schon schwer vom Regen:
Jetzt wollte ich mich zu dir legen.

Die Hügel kauern sich ins dunkle Gewölk.
Blitze heben den goldenen Saum deines Gewandes.
In tosender Umarmung versinken die Felder,
wild tanzen die Wipfel am nächtigen Horizont.

10 Winterabend

Die Sonne haucht ein glühendes Versprechen
übers Land, wo weisse Hügel wortlos
stehen in diesem Winterabend. Tempel
müsste ich bauen, dass in meinem Schauen

blühte der vor Schönheit leuchtende Schnee.
Vielleicht als Liebende kommt dann die Nacht
und spannt über die Höhen hellen Glücks
den Raum, in dem ich schweigend niederknie.

11 Komplet

In singendem Gebet löst das Licht sich
aus den Dingen dieser Welt. Die Abendglocke
klingt. Wälder stehen in dunklem Schleier
und neigen sich in den weiten Raum der Ruhe,

als mit liebender Gebärde Sterne
über sie den heiligen Segen legen:
Wie im Traum ziehen sie durch Gänge
in die Kammern tiefen Schlafs.

12 Wasserfall

Wasser stürzen taumelnd in die Tiefe,
weil der Grund, der die Vergessenheit
des Flusses trug, sich abgekehrt hat,
hingegeben einem innigen Gebet.

Lautes Tosen schreit ins Leere
und wirft fallend Wellen in den Raum:
Wer vernimmt die Stimme? Bis in einer Hand
versammelt alles Wasser weiter fliesst.

13 Rosendämmerung

Rose, ruhst du noch im Schlaf?
Du wirfst mit strahlendem Entzücken
deine Lider einem Morgen zu,
der vor deiner Schönheit leise weinen muss.

Sähe doch die Erde deinen Tanz:
Wallen Kleider wundersam bewegt.
Du streifst von deinen Schultern einen Glanz,
in dem verzaubert langsam das Land erwacht.

14 Sonnenlegende

Über Hügel fällt das goldene Haar der Sonne.
Aufgeschreckt vom Abend merkt sie erst,
wie hingegeben sie im Schlaf war und hebt
verwirrt den Traum aus dämmrigschwerem Kissen.

Die Sterne verstehen es und flechten mit ihren Fingern
den Schmuck in die riesigen Räume der Nacht.
Da ist sie vom langen Wachen müde geworden,
löst ihr Haar und sinkt in ihre Welt zurück.

15 Morcote

Über meine Stirne sind tanzende Wellen
heller Freude ausgegossen: Nie kann ich
die Tiefe denken, da am Mittag
still in weiten Tälern lag der See

und wohl auf hohem Fels die Kirche stand.
Denn als die Sonne die goldene Schale neigte,
sank ich in den Strom glänzenden Glücks.
Mit Glocken ragte hoch der Turm.

16 Raben

Raben ziehen in Scharen himmelwärts.
Es ist Nacht in meinen Augen geworden,
Flügel rühren an die dunkle Trauer,
als ich das Gesicht in meine Hände

wie in eine Schale legte. Und es springt
aus meinen Lidern eine klingende Quelle.
In der Ferne ist der Vogelzug entschwunden,
ich hebe mein Leid auf in heitere Himmel.

17 Am Zürichsee

Träumen muss ich oft von dieser Welt.
Jeder Lidschlag wirft die Wellen des Sees auf,
in dessen anderen Grund der weisse Stolz
der Berge zu tiefem Schlaf eingeht.

Die Sonne giesst sich auf das Wasser aus,
und wie auf einer goldenen Leiter steige ich
aus dem Augenlicht. Auf neuen Höhen
gehe ich durch das weite Land der Heimat.

18 Herbstleid

Die Felder sind tief im Schweigen versunken,
Bäume bluten wie aus seligem Gespräch
gerissene Lippen. Sie müssen an der Erde
ihren Schmerz verhalten, nicht zu sagen:

Ein Himmel hing einmal an meinem Mund.
Im Kuss wuchs die Frucht heran
zu reifem Verstehen.
Es kamen Stürme! Muss alles also vergehen?

19 Im Nachtsturm

Worauf, ihr Himmel, soll ich hören?
Der Regen, der sein leidenschaftliches Spiel
auf diese Erde wirbelt, sagt mir nicht,
was gilt. Und würden alle meine Nächte,

die in euren Brauen sternlos stehen,
vom Sturm eingerissen, es zerbräche dann
der Kelch, den ich, ob nicht von euch ein Ton
entströme, immer emporhob: Mein Ohr!

20 Heiligtum

Bogen des Schweigens spannen einen Himmel
in mir aus. Die leuchtenden Hände
eines Morgens weisen weit der Sonne Lauf
in hohe Räume. Mein Mund

ist die verschlossene Tür zum Heiligtum.
Wenn am Mittag dieses Gewölbe hell
in seiner Spitze steht, tritt der Priester ein
und trägt ein glühendes Wort von meinen Lippen.

21 An die Nacht

Der Abend hat Gold in Täler zwischen
sanften Hügeln ausgegossen.
In meinem Herzen ruht sich aus
der Wunsch, die frauliche Gestalt des Alls

mit meiner Seele zu umarmen
und meinen Mund in unendlichen Kuss
zu neigen. Da steigt übers Land die Nacht:
In ihren Schoss fliesst golden dieses Verlangen.

22 Die Brücke

Die Brücke schwingt sich leicht über den Fluss,
der sein Gesicht zu zahllosen Gefühlen
hingerissen immer wandeln muss.
Über die vielen Lächeln gleiten Vögel

und spannen einen Bogen von dem einen
zu dem anderen Ufer. Ich gehe hinüber
wie im Traum: Es klingt von meinen
Schritten übers Wasser hin.

23 Im Schauen

Im Abend ist ein Schweigen aufgetan.
Der Himmel liest still in meiner Seele,
wo auf goldenem Grunde Vögel fern,
in anderen Sinn die Flügel hebend, ziehen.

Nacht legt sich über meine Lider,
da in diesem Schauen tief versunken,
nun die Welt mit ihren lauten Bildern
sacht entschlafen muss.

24 An den Tod

Wie das viel tiefere Rot einer Rose
strömt mein Leid in deine Hände,
wenn du aus der Vase, wo aus Leere
lautes Schluchzen war, das müde Haupt

in deine Nähe nimmst. Es blühen Tränen,
wenn du deine Lippen in den dunkeln
Schimmer lang vergangener Schönheit neigst:
In deinem Atem weht ein anderes Leben.

25 Der Mond

Der Mond steht in jener Nacht.
In dunklem Weinen neige ich mich
übers Land, wo Städte schlummern.
Über Hügeln hoch glänzt hell mein Auge,

das in glühendem Gedenken
an die ewige Sonne wacht.
So bin ich einsam in der Welt,
da sie im Schlaf verschlossen ist.

26 Mose

Ein Leid hat sich übers Land gebreitet.
Ich webe mit alten Händen meine Klage ins Gewand,
ich knie und kleide mich ins Stammeln meines Gebets.
Könnte ein Berg jetzt meine Stirne tragen!

Das uralte Schweigen ist in Stein geschlagen,
aufgerissen ist mein Mund, eine Schlucht.
Wie eine Wolke, da ich mich neige, sinkt mein Bart
auf das wüste, von Verheissung schwere Land.

27 Berge

Ihr allein habt das Recht zu bestehen.
Der Himmel ist der Saum eures Gewandes,
wie Heilige steht ihr am Altar:
Was für Opfer erbringt euch das Land?

Jetzt möchte ich meine Flügel ausbreiten.
Berge, ihr weissen Federn,
mit euch schrieb der Höchste
das Schicksal über alle Welt.

28 Der Fall

Die Erde ist in tiefe Nacht gefallen.
Am des Alles äussersten der Äste
hing sie golden glänzend. Wer denn griff
nach ihr? Wollte jemand ihre Schönheit

ganz in Händen haben und streckt sich
gespannt durch viele Räume ihr entgegen:
Aus ihrem unerfahren reinen Sein bricht sie
erschrocken und taumelt in die Hand des Menschen.

29 Winter

Die Bäume können das Gewicht des Himmels
nicht tragen, müde wie meine Wimpern
in dem Winter dieser späten Zeit.
Sie beugen sich aus ihrer Zuversicht,

hoch erhoben sich in alle Winde
einzulassen und fallen wie am Abend
meine Lider auf die Erde nieder:
Andere Arme stemmen da die Nacht empor.

30 Abend

Ein Abend blüht dem menschlichen Geschlecht.
Wie Blumen neigt sich goldenes Gewölk
in unsere Augen, die wie stille Seen
Spiegel sind und als Vase sie umfassen.

Doch langsam welkt das letzte Licht,
Blätter taumeln müde in unser Schauen;
sie sinken tief hinab in dieses Grab,
wo die Nacht uns schon erblinden lässt.

31 Nachruf

Himmel rollen düster in unsere Zeit.
Mein Schweigen bricht von Zweigen
wie ein Blatt, darin erglühen leise Klagen
und irren durch den nachtschweren Wind.

Und fällt ein Mund und rührt
an der Erde stummes Entsetzen,
wie die Hand des Freundes
auf der Stirn des Sterbenden ruht.

32 Ein Abendbild

Sachte lösen die Hügel ihr dunkles Haar,
im Spiegel steht noch der alte Tag.
Das letzte Licht zaubert übers Tal
den schimmernden Schleier, den sie zögernd ergreifen.

Geschmückt schon, in stummer Erwartung,
als der Abend sich neigte und der Fluss
in sanften Bändern sich verlor, sanken sie
in diese tiefen Betten zu traumlosem Schlaf.

33 Die Tänzerin

Du bist verzaubert
und achtest dich nicht, dass durch Vergehen
sich deine Sprünge aus dir heben
zu hohen Bogen, die du nicht halten kannst.

Du giesst dich aus in Wirbel,
die wie Bäume im Wehen deiner Haare stehen.
Zu Wipfeln wirfst du deine Hände
und Wälder rauschen aus dem Schwung.

34 Der Schwan

Der Schlaf gibt das weisse Bild des Schwans
an die stillen Tiefen weiter.
Jetzt aufgeschreckt - die Flügelspitzen
berühren die sich weitenden Wellen.

Sein Hals, aus Stolz getragen,
schlägt den hohen Raum aufs Wasser nieder.
Ein Schrei ist's, der den klaren Grund aufhob,
und höher entschwindet der Schwan dem Spiegel.

35 Am Neckar

Gedankenmüde sinken meine Brauen
in den stillen Fluss, der duldet,
dass sie blind aus seiner Tiefe trinken.
Helle Flügel später Vogelzüge

flechten ein Licht, von Ferne voll,
in die Trauer. Da richten sich die Hügel
von Verlangen trunken auf
und stehen hoch im glühenden Abend.

36 Glocken

Die Glocken schwingen wie der Fluss
sich durch das Tal. Ich lege
mich an ihre Ufer und höre
den Himmel klingen in dem Wellenspiel.

Bis in schwerer Umarmung der Abend
sich um die tönenden Räume legt:
Als ein Verklungener entschlafe ich
im Hafen sternenloser Stille.

37 Gebet im Frühling

Weisse Blütenblätter sind um meine Not
gereiht: Im Innern muss ich immer weinen.
Und im Traum blüht der Kelch,
der sein Glänzen um die Quelle

dunklen Schluchzens wie betende Hände legt.
Nach der langen Duldung,
welcher Mund vermag zu trinken, Gott?
Ein von Tränen Voller neig ich mich dir zu.

38 Als Blinder

Wenn Flügel doch mit ihren vielen Federn
das Gedicht schrieben von den Räumen,
die in meinem Herz verborgen liegen,
wenn der Engel in die glänzend helle

Ferne meiner Sinne sich zum Flug
aufgehoben hat. Denn als Blinder
geh ich durch die Welt und kann mit meinen
schweren Händen keine Worte finden.

Abendglühen

prophetische Gedichte

1 Nachfolge

Ich wage es nicht,
auf der Klinge zu gehen,
aus dem Himmel einen Krug voll zu schöpfen,
als er an den Tempelsäulen zerbrach.

Ich weiss die Gewölbe nicht zu tragen.
Durch die langen Kellergänge klingt ein Tropfen,
nachts fallen die Sterne in meine Hände
und Feuergräben ziehen sich durch die Kriege.

Ich wollte nicht auf Schrifttafeln schreiben!
Ein Gewitter weht über die Bergkuppe,
wo ich stehe mit offenem Gewand.

Lange schon ist er gegangen,
als Träger folge ich ihm.

2 Berufung

In dein Buch habe ich nie gesehen,
manches Leben lässt du durch deine Hände gleiten.
An den Goldrändern habe ich gewartet,
deine Ärmel verwischen deine Schrift.

Den letzten Satz bewahrst du auf
hinter deinen tränenverschlossenen Lippen.
Früh berührte dein Schwert meine Schultern:
Einmal werde ich in deine schweren Hände sterben.

3 Herbst

Der letzte Herbstschimmer
fährt über das blassgrüne Blatt der Erde.
Eine Glut dem Sterben entwichen
wirbelt im Wind.

Wäre die Träne ein Spiegel,
in dem der Tod noch einmal
auf seine gelebten Hände blicken könnte!

Die Blätter fallen auf die Wiese,
die Harfe im Schilf klingt leise aus:
Die Mönche legen ihre Gebetbücher
auf den dunklen Altar.

4 Endlich

Aus den Kellern steigt eine alte Frau,
zwei Steinkrüge in den Händen haltend.
Der Wein gärte im dunkeln Gewölbe,
dass endlich ein trockener Mund ihn koste.

5 Eine Begegnung

Wie auf dem Stein spielt das Kerzenlicht,
seine Gesichtszüge sind vom Meissel geschlagen.
In den Furchen hängen schmale Schatten, um
den Mund hält sich der Nachklang seiner Worte fest.

In dieser Kammer sehen noch andere Augen
seine Geste, die das Zittern der Flamme auffängt.
Mit seinen Händen umfasst er das Licht
wie ein Gefäss mit tiefen, dumpfen Böden.

Seine Brauen färben viel dunkler den Blick,
der sich schüchtern vom Gedanken löst:
Es gibt einen Stirnkranz im Lichtschein.
Jähe Klippen stechen aus dem helleren Gesicht.

6 Im Kreis

Wenn die Krüge des Leids
nicht bis an den Rand gefüllt sind,
wenn ein Gedanke sich nicht mit der Tiefe vermischt,
sondern sich selbst mit eigener Begierde nährt,
kann kein Wort sich zu Fülle verdichten,
keine Kunst sich aus der Schöpfung sättigen.

Im Hohlraum des Gefässes verliert
die Wandung ihre Abgeschlossenheit,
denn die Leere greift hinaus
und die Rundung bleibt im Kreis bestehen.

7 Am Abend der Ernte

Zwischen Wolkenstreifen strömt das Abendrot,
aus himmlischen Töpfen gemischte Farben.
Ein Bauer schneidet Ähren für sein Brot
und bindet mit starken Schnüren deren Garben.

Im Arbeitsgewand über Früchte geneigt,
satt sind die Körbe bis an die Ränder gefüllt.
Ein Gesang ist der Ernte geweiht,
dann hat ihn der Abend in Schweigen gehüllt.

Dank ist eine unbeholfene Geste,
ein gesagtes Wort reicht nicht aus.
Du stehst vor Marias Altären
und legst in die Opferschale ein leises Gebet.

8 Prophetie

Auf dem Nachtlager blieb keine Träne.
Der Schlaf löste seine Bänder aus dem Haar,
das schwer in den Kissen lag.
Breche das Mondglas nicht, erster Strahl!

Doch er kam,
wie eine Prophetie aus fernen Räumen.
Schräg über dem Menschen schliesst sich die Glocke,
die spät erst den Abend läutet.

9 Die Tänzerin

Nie mehr kannst du deinen Körper so bewegen,
den Tanz in den Armen der Grazien vollführen,
nie mehr deine Figuren so um dich drehen,
dass die Falten deines Kleides dich nicht berühren.

Mit der Spitze deiner Füsse hältst du deine Zauber
auf den spiegelglatten Böden, die deine Sprünge
forttragen, dich zwischen Absprung und Erreichen
erschauern lassen und deine Schatten,
die schneller sind, dann verdrängen.

Die Träne, als du stürztest, deine Beine, die nicht
mehr in den Bogen der Bewegung eingespannt sind:
Nur der Raum ist noch, der dich verführte
und der Traum, der aus deiner Rührung verstand.

10 Nachfolge

Lass mich dorthin gehen, wo die weissen Wurzeln sind,
wo die Berge wie Altäre in den Himmel ragen.
Lass mich der Wintereremit sein,
in das Schneegeflecht deines Bartes gehüllt.

Jetzt ist Herbst.
Die Wälder glühen durch das Ende der Frucht,
die Gräser legen sich nieder auf
auf die kalte, todgetränkte Erde.

Lass mich noch ein Wort erwidern,
noch eine Hand ins Feuer legen.
Dann gehst du mir voran,
eine ferne, weiss vermummte Wolke.

11 Das Kästchen

In einem Kästchen ist's verborgen.
Aus deinem Gürtel nimmst du den Schlüssel,
in das mit fein verwobenen Ornamenten verzierte
Schloss passen nur deine schmalsten Worte.

Der Schlüssel ist zu fein.
Beim Umdrehen denkst du nur einen Augenblick
ans Vergangene, dann gehst du
deine schweren Schritte wieder zurück.

12 Zufall

Ein Würfelspiel kann den Zufall nicht zerstören,
ein Glas Wein kann des Spielers Wurf nicht vereiteln.
Auf dem Spieltisch ist keine Karte zuviel aufgedeckt,
denn eine sichere Hand weiss um ihren Gefährten.

Die Trommel rührt ihren grossen Gewinn,
die Uhr dreht sich mit.
Kreise drehen sich aus dem Rauchmund:
Ist der Anfang das Zurückzählen?

13 Der Zauberlehrling

Der Zauberlehrling hat sein Gedächtnis
durch die engen Gitter der Löwengrube vergessen.
Jetzt fliesst über die Treppen das Wasser,
das schwer unter den Füssen bricht.

Des Zauberstabes Schatten
ist ein spitzes Gewölk,
wo sie ausruhen
oder sich die Eimer über die Mauern reichen.

Als der Meister zurückkommt,
steht er am Brunnen
und schöpft verzweifelt ins ummauerte Gehöft
die letzte Oberfläche seiner Schuld.

14 Das Gedicht

Zwischen den Linien ist Raum, eine Schwerelosigkeit.
Die Worte liegen wie Marksteine
am Ende des Gedankens. Unter den Versen
steht ein Gefäss bereit, um den Zweifel abzuwägen.

Eine Seerose tastet sich über den Spiegel des Sees,
jeder Schritt wirft sich zurück zum Gegangenen.
Das Eis wölbt sich unter den formenden Händen,
das Ufer hält sich am Anker des Ursprungs fest.

15 Berufung

Das Kirchenportal aus Bögen
und schlanken Arabesken,
am Türgriff hält ein Löwe
seine Tatze hin,
dass der Knabe sie
mit seiner Hand umfasst.
Ein Luftstoss bleicht seine Wangen,
durch den Spalt zieht ihn
das Dunkle hinein.
Der erste Schritt auf dem Stein,
der kalt das Verlangen weckt,
ist ein Taumeln in
den Raum der Heiligen.

16 Abschied

Verschleiert soll noch diese Stunde bleiben,
in der die Träne ein kalter Abguss ist
und aus Leid ein schwarzer Zug
von den Giebeln in die Vogelferne fliegt.

Auf dem Weg verlor ich ihres Lächelns Falte,
ihre Stirn war ein Sternspiegel.
Ich sah mich, ich sah ihre Augenwinkel,
wo zusammengekauert eine Träne sass.

Wie aus weitem Himmel geworfen, ihr Abendtuch.
Ihr Mund küsst den Abschied auf die zitternden
Lippen: Geh in die Stadt, sagt sie,
zähle an den Lichtern dein Verlorenes.

17 In die Nacht

Ein Wildbusch reckt sich durchs Abendlicht,
hinter Buchen dämmert die weisse Kirche.
Im Tal fliesst der Bach in milder Vertiefung,
von Kuppe zu Kuppe wölbt sich die Abendruhe.

Die Häuser rücken näher zusammen,
um als Gemeinde das sanfte Durchschreiten der Nacht
zu verleben. Aus den Fenstern zuckt ein Licht,
dann erlischt es: Ein dunkler Eingang zur Dämmerung.

Die Farbe rinnt aus den Bildern des Tages,
schwarzer Samt um des Hügels Stirn gehüllt.
Die Stunde der Vergesslichkeit hat ihr Haar gelöst,
und das Band flattert lose im Sternenwind.

18 Die Wasservögel

Schreibe schnell deine Zeilen auf die Tontafel,
bevor die Wasservögel kommen.
Um den Berg steigt ein Gewitter
den blauen Luftsäulen empor.

Lausche dem Höhlengesang!
Deine Heimat ist eine Nische,
wo schon im Steinalter
eine Kerze brannte.

Jetzt haben deine Handfurchen
die Tropfen in die tiefen Gräben geleitet.
Dein Wort erkennt sich
in den Schatten nicht wieder.

19 In Frage

Kann ein Gedicht sagen, was die Welt verschweigt?
Kann ein Gedanke seine Umrandung hinausschieben,
vom Licht den Schatten erwerben
und von den Bildern die übereifrigen Farben?

Kann der Schmerz sich so tief in seine Wunden neigen,
kann die Geburt so ergeben zu sich zurückblicken,
dass die Einsicht eine zärtliche Einladung ist?

Ist die Frage Überheblichkeit
oder ist sie die Feder des Dichters?
Wie kann ein Ende noch den Anfang enthalten
oder ist der Mund zum Schweigen geboren?

20 Meine Kindheit

Ein Knabe ist er noch,
viele Stoffstücke auf seinen Mantel genäht,
der weit über seine Knie reicht
und die Ärmel den Boden streifen.

Er knöpft ihn auf,
um seine Katze darunter zu verbergen.
Die Kälte nistet sich im lose gewobenen Tuch ein.
Unwissend zerrt der Wind an den Fransen.

Er geht schneller.
Seine Stiefel lassen Spuren zurück,
die ihm der Winter nachträgt
und ihm wieder unter die Füsse legt.

21 Eine Perle

Ich habe einen Schmerz, der tiefer liegt
als das Nichtwissen
oder eine Perle
in den Sandbänken der Zukunft.

22 Das Ende

Das Ende des Gedichts ist ein Abgrund,
um das Trauerspiel nicht seines Kleides zu berauben,
nicht dem Kind den Ball aus den Händen zu nehmen,
nicht die Träne im Augenwinkel zu versteinern.

Das Glas fällt in Scherben,
tausend Splitter, Sternwunden.
Welche Verzweiflung hat den Stein geworfen,
welche Tat ihr Gedächtnis verloren?

In die tiefsten Keller steigt der Sensenmann,
tief, ganz tief dunkeln seine Augenhöhlen.
Ist er ein blauer Lastenträger
oder hat er das Feld schon vor der Ernte geschnitten?

23 Im Wüsteneis

Kühles Gestirn über dem Schneegewebe der Nacht,
die Nägel sind schon
aus dem Glas der Kälte gegossen
und die Abdrücke in meinen Handflächen
haben sich zu weissen Wunden verschlossen.

An meinem Gürtel baumelt das Beil,
das mir einen Tempel ins Wüsteneis geschlagen hat,
wie die Morgenröte ausblutete in den Kelch,
den die Sonne in Unwissenheit ausgetrunken hat.

24 Kinderhand

Durch das Laub ein dumpfer Schritt
und eine Kinderhand wie ein Schimmer
durch das todverwehte Tal des Herbstes:
Mein Vater, wo senkst du deine Stirn?

Nicht mehr hier bricht dein schwerer Schuh
das Blattgeäder deiner Spur.
Mit deinem Mantelsaum streifst du die Erde,
darin halten sich die feinen Finger fest.

25 Nebelabend

Stumm steht der Abend von Nebel verhangen
vor der Zeiten gefalteten Händen.
Die Gräser ruhen sich aus in grauem Schlaf,
dämmriges Licht bricht sich an der tiefen Trauer.

Weisst du noch, was gestern war
und die namenlosen Geschehnisse deiner Tat?
Ein müder Schal umgibt sie jetzt.

Ein Lächeln wagt es zaghaft,
dann in matten Schleiern zu versinken.

26 Münze

Eine aufgeworfene Münze
ist der Kiel meiner Feder.
An den Ufern des Lethe
sitzt ein Spieler an seinen Tischen.

Der gerillte Rand
wirft Wellen in die Drehung,
Erbbaum, der sich bei jedem
Atemzug wendet.

27 Wenn es regnet

Trüb wie die Wolken sind, wenn es regnet,
tief in sich versunken.
Eine ferne Melodie klingt noch,
ist es die des Lebens?

Geh nicht fort,
bleib ein Wort lang noch bei mir.
Verschenke deine Tränen der müden
Regenleier nicht!

28 Raumtempel

Der Mond streift die weissen Wangen
beim Nachtgang der Sterne.

Auf dem Zeitgeflecht
geht der Stabtänzer.
In den Lichtkegel springt er,
auf den Lippen gefriert sein Blut.

Menschen stehen am Grab
und legen ihre Tränen in tiefe Urnen.
Nebel steigen schweigend in die offenen Raumtempel.

29 Schöpfung

Auf der Töpferscheibe
nahm das Gefäss seine Form an.
Langsam zog es die Höhlung in sich hinein,
bis der Schatten wie aus sich geschaffen war.

Die Nacht selbst legte sich an die Ränder.
Sie fiel hinab in die Drehung,
wo sie sich aufbäumte
gegen die Wand, die zögernd nur verstand.

Im Feuer sind wir geboren,
oft klingt ein Tropfen
oder wir sehen erst,
wenn ein Stern am Himmel steht.

30 Das Nomadentuch

Als ich dich das letzte Mal sah,
trugst du noch das Nomadentuch um den Hals
mit dem blaugewirkten Muster,
den Wolkenfäden zu breiten Zöpfen verflochten.

Ich fand eine Spur auf dem Weg,
den ich jeden Morgen beschritt,
als sammelte ich welke Blätter in meiner Tasche.

Dein Lächeln verflog wie eine hastige Bewegung,
die ich sah, als ich mich vornüber neigte
und ins Leere griff:
Ich weiss nicht, wie viele Namen du dir gegeben hast.

31 Im Tempel

An zwei Holmen tragen wir die Lade
durch die Wüste,
über Hügel hebt die Sonne unser Blut.

Fern liegt der Tempel,
wo wir hinter den Vorhang treten,
den Sand aus unseren Haaren kämmen
und sich unsere Wimpern zusammenlegen.

32 Angelobung

Schön war die Zeit,
als ich durch die blauen Hallen ging.

Als ich an den Säulenfüssen
meine Kränze niederlegte
und im Kreuzgang
in die dunklen Nischen trat.

Vor dem Chorgestühl,
selbst vor den sprungbereiten Löwen,
die erhaben ihre Mähnen
aus den dunklen Lehnen fallen liessen,
schritt ich meine Kampfreihen ab.

Dann legte ich mein Schwert auf den Altar.
Schwere Hände reichten die Kutte
um meine Schultern: Das weisse Band fiel vom Knoten
in die Falten meines Gewandes.

33 Abschiedslied

Mädchen, wieso sagtest du's,
wieso steht es in deinen Augen,
das stille Wissen um den Tod?

Sieh, der Abend will nicht traurig sein.
Ein Leuchten umspannt die Wolken,
ein Rot fliesst aus himmlischen Krügen,
das Rot der Vögel, das Erdenblut vielleicht.

Doch du hältst in Händen die Trauer.
Lebst du noch für den morgigen Tag
und den Tau an den Halmen der Zukunft?

Lass sie gewähren, die sanfte Dämmerung
und die Zärtlichkeit in ihrem Abschied.
Lass das Glühen noch Hoffnung sein,
Hoffnung auf unsere Liebe.

34 Stilles Gebet

Du durchquerst diese Insel,
welche die Sonne ins Herbstgeäst wirft,
bevor es in die weissen Körbe stirbt.
Die Glocken flüstern ein stilles Gebet,
und du hörst nur.
Dann wird es still um dich,
ein Dornenkranz noch,
der aus deinem Haar sich löst,
vielleicht eine Kirsche,
die langsam in deinem Mund zergeht.

35 Nebelgeflüster

Nebelgeflüster in den Räumen,
wo eine Flamme die Schatten durchzittert.
Über die Schwelle lege
ich meine Kränze, dem Nachtstern geweiht.

Am Hügel brennen die Märchenschlösser
in demselben Feuer,
das ich schon als Junge
über meine Träume hauchte.

Jetzt hält mein Schlaflager
die Erinnerungen,
die ihre reichen Trauben zur Ernte tragen.

36 Herbst

Herbst, wo fallen deine Blätter hin?
Auf das Grab der Nächsten vielleicht
oder in die Körbe der Verwesung?
Sag mir, wo die Armut dein Laubwerk stiehlt.

Herbst, du bist eine blasse Wunde,
dein Blut noch an meinen Händen.
Dein Schwert ist ein müder Pinsel,
der deine Klagen über die Felder malt.

Herbst, wie ein lebensschwerer Mönch
in der Zelle seinen Kopf über die Bücher
sinken lässt und weint
dem weiss gewordenen Tod entgegen.

37 Ich habe gewartet

Gehst du nicht,
wenn die Wolken tief
sich in deine Augen neigen,
wenn dein Mantelsaum meine Tränenspur vergass?

Ich musste, wie heute, zu dir kommen! Der Abend
ist der blaue Vorhang vor deinem Fenster, die Vögel
schlagen mit ihren Flügeln gegen die Scheiben,
dahinter rufst du mit einer Schale zum Essen.

Dann vergeht die Zeit.
Ich weiss nicht, wie viele Pendelschläge
meine Ferse streiften.
Ich habe gewartet, lange!

38 Ernte

Mit der Sense fällst du das Gras
in die Schneise des Windes.
Ritzen bluten auf deinen Lippen,
als du die Halmenflöte bläst.

Du willst das Pferdegeschirr noch hören,
als sie gestern den Pflug
über die Erde zogen.

Mit dem Hammer schlägst
du die Schatten aus der Klinge.
Du erntest, um dann
den Saatfurchen nachzugehen.

39 Am Brunnen

Am Brunnenrand sitzt du
und lässt Kieselsteine in den Wasserschacht fallen.
Kleine Wellen drängen sich an die Mauer
und tasten sich ins Dunkel hinab.

Du ziehst
den Krug aus dem Schweigen der Quelle,
über schwere Rollen weiss deine Hand
ihre Furchen endlich zu bewässern.

Auf dem Kopf trägst du es,
um es in die Becher zu giessen,
wo sie stehen
und um ihre Tränen betteln.

40 Pfaurad

Wo ist die Türpforte,
die Pfähle, auf denen ich gegangen bin,
als ich stolz das Pfaurad
dem Abend zeigte.

Sie sagen, ich solle zuerst
den Faden durchs Labyrinth spannen
und nachher das Kind
in den Schlaf tragen.

Dann kommen die Tempelwärter
und bringen mir die Asche,
die ich hinter meine Fersen
in die schwarze Erde säe.

41 Gesang

Ziehe mit dem Hirtenstab
in die Säulengänge des Gesangs!
Aus den Steinbrüchen tragen
sie Klänge toter Vögel.

Mit ihren schwarzen Mänteln
hüllen sie ihre Leiern ein
und hauchen ins gelbe Gras
Brandzeichen des Grabchorals.

Flehen sie doch um ihre Lippenrisse,
wo die Welt noch aus Hoffnung sang:
Fern ein Sandgeriesel,
das leise im Wind summt.

42 Die Mühle

Eine Mühle am Bach,
weiss schimmert sie durch das Laub.
Am Abend tragen sie schwere Säcke fort,
die Schaufelräder entlassen ihre müden Wasser.

Noch blasser färbt sie der Mond.
Die Steine reiben sich aneinander
und hinterlassen Spuren in die Nacht,
denen die Hungernden folgen.

43 Der Hirte

Heute kann er nicht Hirte sein,
umringt von den Menschen,
die vom Hunger eng zusammengedrängt
sich gegen ihre Schultern stemmen.

Diese vielen,
die am Altar vorübergehen
und ihre Stirn mit
falschen Meeren benetzen.

So tragen sie es auf den Hügel,
um es an der Sonne zu trocknen,
das Weisse unter ihren Augen,
spannen es zwischen Linde und Wind.

Das Wort, zerfurcht von ihren trockenen Lippen.
Er geht den Gräben nach,
um ihre Mäntel dann
an Dornen hängen zu sehen.

Doch heute springt die Frucht nicht auf,
unwissend zählen
sie die erdigen Kerne
ihrer Herzen.

44 Am Zaun

Am Zaun immer,
wo die Pferde sich aufbäumen,
der Reiter rücklings an der Mähne
sich haltend zu Boden stürzt:
Ich bin ein dankbarer Zuschauer.

Offenes Land,
im Schatten der Balken wandre ich,
in der Brandschneise,
wo der Sonne Bewunderer
seiner Speise nachgeht.

Dann bin auch ich ihr Opfer,
ich, der die Kunst des Sehens kenne!
Und begrabe meine Asche
in den hufförmigen Spuren im Sand.

45 Tempelbau

Wir haben unser junges Geschick
als Steine zum Tempelbau getürmt
wie die Zitronenfalter über den Blüten
ein Farbenmeer ausgossen.

So wollen wir durch die
Säulengänge wandern
und unsere blauen Schatten
den dunklen Räumen
als Quelle hinterlassen.

46 Der Nomadenpriester

Er weint wegen der Sandblume,
die nicht aufspringt
und den leeren Stundengläsern,
in denen man keine Freude singen hört

und der Liebe,
die in Tonkrügen bereitsteht:
Die Menschen spannen
an Salzsäulen ihre Fahnen auf.

Er wischt sich die Tränen ab
mit den roten Tüchern,
die in weiten Falten
über seine Schultern fallen.

47 Der Dieb

In den Tag hast du ihn noch verfolgt,
der den dünnen Schatten des Glases zerbrach
und das goldene Pendel der Uhr geschmolzen hat
mit seinen glühendschwarzen Fingerspitzen.

In der Nacht verbarg er sich
unter den dornigen Büschen des Gartens:
In der vom Mond gemalten Schneise
sahst du sein Gesicht, erdentief.

48 Zum Wort aus Asche

Mit Feuer schreibst du
und tauchst es ins Meer,
um auf Salztürmen zu wachen.

Du wäschst mit Schlamm deine Ferse
und pflanzest eine Wimper
in jede Wüste deiner Spur.

Die Tore deiner Heimat bemalst du
mit Blut, dass deine Lippen
nicht mit Glut belegt werden.

Vor deinem Bett lassen sie
Weihrauch aufsteigen:
Du selbst verglühst in den Schatten
der aufgebrochenen Nacht.

49 Ihr Weg

Sie geht
aus dem Turmverlies meines Herzens,
wo ich den Glocken lausche,
die sich schwer ausschwingen.
Aus den Tränenfurchen
zerbricht der Widerhall
in Splitter,
die als Sterne
ihren Weg umschatten.

50 Von der Arbeit

Die Angst,
dass die Kanten des Wortes schneiden
und ein Dieb die Feder aufbricht,
das schwarze Blut,
ich mag es nicht kosten.

Den Trümmern nach leg ich die Kränze
und grabe jedem Leid
eine Stätte für die Ewigkeit.

Müde von der Arbeit,
entsetzt von den tiefen Rissen
in meinen Händen: Schlafe nur,
Gott hat mit der Sterne schwerer Geste
dich verstanden.

51 Der Seestern

In den tiefen Spuren
spiegelt sich das Blau des Himmels.
Auf die glitzernden Wasser
legen wir das Netz unserer Seele.

Durch die Gründe schimmert der Seestern,
den wir mit zerbrechlichen Händen
aus den samtenen Kissen der Nacht
empfangen haben.

In unserer Träne
öffnet sich das Meer
zu den felsigen Klippen
der Ewigkeit.

52 Erinnerung

Das Vergangene legt uns
einen schweren Mantel um die Schultern,
ich zerre an den Knöpfen,
die glänzend das Vergessene
in unsere angstvollen Gebärden
verschränken.

Meine wunden Finger
tauche ich in eine Schale,
wo alle eure Tränen
ihre klaren Stirnen aneinanderlegen.

Im Gebet
verirrt sich das Schicksal
und schlägt sich blutig
an den gefalteten Händen.

Das Blut haben wir
aus silbernen Bechern getrunken,
unser Leib schimmert
in der dunkeln Erinnerung.

53 Die Sterne

Die Sterne sind's,
die als Netze des durch Tränen schweifenden Lichtes
die Seele nicht ins Dunkel fallen lassen.

Seine glühenden Fersen umschatten
die höhlenverworrenen Spuren des Schöpfers,
der dann in das von Zweifel nie Geperlte
fern seine Hände faltet.

54 Als Gefäss

Magst du auch ihm gehören,
immer trage ich deinen Schleier
an den Geländern empor,
die mit schmalen Säulen
deine Schatten greifbar machen.

Magst du auch an andre Schultern
dich schmiegen,
immer werde ich dein Lächeln
als Gefäss in meinen Tränen
dir entgegenhalten.

55 Im Licht entblösst

Sei nicht ein im Licht Entblösster,
der aus seinem Schatten steigt
und durch den Zeitverschlag des Gedächtnisses
sein Atem nicht schimmert.

Denn du weisst nicht,
welchen Klippen die weissen Wellenbrüche des Meeres
entgegenschlagen oder über welche Lippenrisse
dein Wort sich verzweigt.

Du bist ein Gebannter,
dessen Handfläche ein Spiegel ist,
dein Gesicht zerfällt in den Handfurchen
während der langen Jahre des Wartens.

56 Das Fenster

Du hast das Fenster so in den Wind aufgestossen,
dass ich nun immer im Morgengrauen
meinen Traum in die randgewölbte Vase stellen muss,
da noch ein rauhes Wehen mehr
meine Hände durch die schmalen Spiegel drängen will.

Am Abend schwenkst du dein weisses Tuch.
Von fern noch erreicht dich ein anderer Klang,
der sich in die immer neueren Tuchfalten neigt.
An der Sonne vorbei ein Blitzen,
das uns plötzlich ganz nah
das zusammen Erträumte schauen lässt.

57 Ernte

Meine Sichel umringt das Irdische,
das in deinem Atem sich Verzweigende.

Vielleicht in deinen kleinsten Teil
trage ich mit ängstlicher Gebärde den Klang,
der aus den Krügen der Wendung
sich leise erhebt.

Dann stehe ich vor dir:
Die Schatten fliehen, als ich mich neige,
um die letzte Frucht
in deine tiefen Hände zu legen.

58 Eine Wimper

Die Blume ist das in den Wind
blühende Nichterreichen.
Das Haar ist zu schmal für das Licht,
wir verirren uns im Schattengewirr
und der Garten schmiegt sich
an das Dazwischen der Sprache.

Doch er vermochte es,
dem plötzlich eine Wimper
glühend ins Reichgeschwiegene
des Himmels stach.